55 Gute-Laune-Spiele für turbulente Tage

BILDNACHWEIS

Freepik.de
S. 14, 40: brgfx | S. 15: Evasplace | S. 16, 17: macrovector | S. 17, 22, 73: photographeeasia | S. 46, 47: BiZkettE1 | S. 50: Rawpixel.com | S. 62, 63, 79: azerbaijan_stockers | S. 76, 77: saravami

Fotolia.de
S. 38, 39: Tapilipa

Umschlag:
Gettyimages.de/Popmarleo

IMPRESSUM

ISBN: 978-3-96046-113-5

55 Gute-Laune-Spiele für turbulente Tage

Klett Kita GmbH
Rotebühlstr. 77
70178 Stuttgart
Internet: www.klett-kita.de

Redaktion	Myriam Bork, Anja Ulbrich
Redaktionelle Mitarbeit	Nicole Woratz
Autoren	Britta Bartoldus, Marion Bischoff, Kathrin Eimler, Annegret Frank, Heike König, Michaela Lambrecht, Margot Lindner, Michael Müller, Leah Schäfer, Tina Scherer, Yvonne Wagner
Gestaltung und Satz	DOPPELPUNKT, Stuttgart
Druck	Grafik Media Produktionsmanagement, Köln

Kontakt
Telefon: 07 11 / 66 72 58 00
Telefax: 07 11 / 66 72 58 22
kundenservice@klett-kita.de

Gedruckt auf chlorfrei gebleichtem Papier.

Bibliografische Information der Deutschen Nationalbibliothek. Die Deutsche Nationalbibliothek verzeichnet diese Publikation in der Deutschen Nationalbibliografie. Detaillierte bibliografische Daten sind im Internet über http://dnb.d-nb.de abrufbar.

Inhalt

55 Gute-Laune-Spiele

Seite

Liebe Leserinnen und Leser,

haben Sie folgende Situation so oder so ähnlich auch schon einmal erlebt? Eine Mutter kommt in den Gruppenraum und stellt fest, dass es sehr turbulent zugeht und dass sie beeindruckt ist, wie Sie diesen Geräuschpegel aushalten können. Sie schauen sich verwundert um und denken: *Wieso? Es ist doch alles so wie immer.*

Kita-Alltag ist laut und turbulent. Manchmal mehr und manchmal weniger. Hier gibt es viele kleine Menschen mit ganz unterschiedlichen Bedürfnissen. Und diese unter einen Hut zu bekommen ist nicht immer so einfach. Da sind zum Beispiel ein paar Kinder ganz aufgedreht und wissen nichts mit sich anzufangen. Andere würden es sich gern mit Ihnen und einem Bilderbuch in der Leseecke gemütlich machen. Und wieder andere veranstalten einen sportlichen Wettkampf im *Kuscheltierweitwurf* und im *Über-die-Stühle-Springen*.

Dieses Buch will Ihnen dabei helfen, allen Kindern gerecht zu werden. Die 55 Gute-Laune-Spiele laden zum Toben, zum Mitmachen, zum Auspowern und zum Entspannen ein. Von Mitmachgeschichten, Spielstationen, Bewegungsgedichten und Reaktionsspielen bis hin zu ruhigen Angeboten wie Massagen, Wahrnehmungsspielen und Traumreisen ist für jeden etwas dabei.

Viel Spaß damit!

Herzlichst, Ihre

Anja Ulbrich

Redaktion *55 Gute-Laune-Spiele*

Kapitel 1

Bewegungs-spiele

Verhext

Bewegungsspiel

Alter: ab 4 Jahren
Dauer: 10 Minuten

Zu Beginn des Spiels stehen die Kinder in einem lockeren engen Stehkreis. Alle strecken eine Hand ins Kreisinnere, sodass sich die Hände an den Fingerspitzen gerade noch berühren können.
Je nach Anzahl der mitspielenden Kinder kann der Kreis auch so groß werden, dass sich die Hände nicht berühren, was genauso gut funktioniert.

ZU STEIN ERSTARRT

Auf das Kommando „Verhext!" springen oder gehen alle Kinder einen möglichst großen Schritt aus dem Kreis hinaus. Nun darf sich keiner mehr bewegen und alle Kinder stehen, als wären sie zu Stein geworden oder verhext worden.

Das erste Kind beginnt: Es versucht, mit nur einem einzigen Sprung oder Schritt so nah an ein Kind seiner Wahl heranzukommen, sodass es dieses berühren kann. Das andere Kind hat nun die Chance, einen Schritt auszuweichen. Das erste Kind kann durch Strecken und Recken versuchen, ob es das angestrebte Kind noch erreichen kann.

Ist das der Fall, scheidet das berührte Kind aus. Schafft das Kind es nicht, darf es sich ein anderes Kind aussuchen und es hier probieren. Schafft das Kind es auch hier nicht, ein Kind zu berühren, scheidet es aus und das nächste Kind ist an der Reihe. So kann das Spiel weitergehen, bis alle Kinder berührt wurden oder die Kinder eine neue Runde „Verhext" spielen möchten.

Idee: Tina Scherer

VARIATION:

Die Hexe, die die Kinder verhext hat, kann auch auftauchen: Ein Kind, das nicht mitgespielt hat, oder Sie selbst gehen mit einem Zauberstab durch die Kinder, die ganz starr stehen. Wer vom Zauberstab berührt wird, darf einen Schritt machen.

Gewichtheber

Bewegungsspiel

Alter: ab 4 Jahren

Dauer: 10 Minuten

Material: leere Flaschen aus Kunststoff mit Verschluss in unterschiedlichen Größen, Wasser oder Sand zum Füllen, Waage, wisch- und wasserfeste Filzstifte

Sammeln Sie mit den Kindern verschieden große Kunststoff-/PET-Flaschen, die sich gut halten oder greifen lassen, beispielsweise solche mit Riffeln oder langem Hals. Füllen Sie die Flaschen mit Wasser oder Sand.

ABWIEGEN

Für einen Wettbewerb müssen alle Flaschen gleich schwer sein. Darum wiegen die Kinder die Füllung samt Flasche ab. Vielleicht verlegen Sie diese Aktion an einen Sandtisch, sofern Sie einen solchen Tisch im Gruppenraum haben. Stellen Sie auf diese Weise immer zwei Flaschen mit gleichen Gewichten her. Für die Kinder starten Sie mit leichten Gewichten, beispielsweise zwei Flaschen mit je 200 g Gewicht, dann zwei Flaschen mit 300 g und zwei mit 500 g. Die Kinder kennzeichnen die Flaschen mit dem Gewicht und mit einem Symbol oder einer Farbe, z. B. Grün (200 g, leicht), Gelb/Schwarz (300 g, mittel) und Rot (500 g, schwer).
Die Kinder können die „Gewichte" natürlich nach eigenen Ideen und für selbst ausgedachte Fitnesstests nutzen. Aber auch für Wettspiele sind die Gewichte spannend.

UM DIE WETTE

Beim Wett-Gewichtheben stellen sich zwei Kinder nebeneinander auf. Jedes Kind bekommt ein (gleich schweres) Gewicht vor sich hingelegt. Auf ein Startzeichen nehmen die Kinder ihr Gewicht mit einer Hand auf und halten es mit ausgestrecktem Arm vor sich oder neben sich (vorher absprechen). Wer schafft es, am längsten durchzuhalten?

Idee: Yvonne Wagner

Zahlen-durcheinander

Laufspiel

Alter: ab 5 Jahren
Dauer: 10 Minuten
Material: Bewegungsmusik

SPIELEN UND RECHNEN

Bewegung, Musik und Tanz – und dazu einige richtig schwierige Zahlenaufgaben? Voilà, dieses Spiel bietet gleich alles zusammen.

ZUSAMMENFINDEN

Alle Kinder laufen, hüpfen oder tanzen durch den Raum, während die Musik läuft. Stoppt die Musik, klatschen Sie eine Zahl. Wenn Sie etwa 3-mal klatschen, müssen sich immer 3 Kinder an die Hand nehmen. Anschließend lassen sich die Kinder wieder los, Sie stellen die Musik wieder an und die nächste Runde beginnt.
Um sich zu den Teams zusammenzufinden, benötigen die Kinder viel Sozial- und Sprachkompetenz. Gerade soziale Fähigkeiten gehören mit zu den Schlüsselkompetenzen für die Schule und das weitere Leben.

Idee: Britta Bartoldus

10

Prinz und Prinzessin auf dem Eis

Bewegungsspiel

Alter: ab 4 Jahren

Dauer: 15 Minuten

Material: 2 Staubtücher oder 2 kleine Lappen für jedes Kind, Musik

Wer wollte nicht schon mal eine Eisprinzessin oder ein Eistänzer sein? Kein Problem! Zumindest nicht in dieser Version, in der die Kinder statt auf dem Eis auf einem blanken Boden laufen und die Schlittschuhe durch Staubtücher ersetzen.

SCHLITTSCHUHE AN

Alle Kinder ziehen sich ihre Schuhe und Socken aus. Jedes Kind hat zwei Staubtücher vor sich auf dem Boden liegen, auf die es sich mit je einem Fuß stellt. Zuerst wird vorsichtig ausprobiert, wie sicher man sich auf diesen „Schlittschuhen" fortbewegen kann. Dabei ist es wichtig, dass die Kinder ihre Füße fest auf die Staubtücher drücken, damit diese nicht wegrutschen!

Jedes Kind kann nun verschiedene Fortbewegungsarten ausprobieren, beispielsweise vorwärts, rückwärts, in Kurven laufen, sich im Kreis drehen, zu zweit Hand in Hand laufen … Den Kindern fällt sicher noch einiges mehr ein!

EISLAUFEN ZU MUSIK

Wenn sich alle auf ihren „Schlittschuhen" sicher fühlen, kann es losgehen: Die Kinder spielen „Eiskunstläufer" und versuchen, im Takt zu mal langsamen und mal schnelleren Rhythmen verschiedene Bewegungsformen auszuführen.

TIPP:
Für dieses Spiel sollte unbedingt ein glatter Fußboden zur Verfügung stehen! Zur Durchführung eignet sich am besten ein Bewegungsraum oder eine Turnhalle. Vielleicht gibt es in der Kita eine Verkleidungskiste? Kinder haben Spaß daran, in andere Rollen zu schlüpfen, und können sich mit Kostümen noch ein bisschen besser in die Rolle der Eisprinzessin oder des Eisprinzen hineinfinden.

Idee: Annegret Frank

Eisbär, wann kommst du?

Fangspiel

Alter: ab 3 Jahren

Dauer: 10 Minuten

Material: 1 Gymnastikreifen für 2 Kinder

ROBBEN UND EISBÄREN

Eisbären sind Raubtiere. Sie leben in der Arktis rund um den Nordpol und ernähren sich hauptsächlich von Robben.
In diesem Fangspiel stellen die Kinder in verschiedenen Rollen Eisbären und Robben dar.

Alle Kinder stehen immer paarweise in jeweils einem Gymnastikreifen, der eine Eisscholle darstellen soll. Sie spielen die Robben. Ein Kind ist der Eisbär, der Hunger hat und auf der Suche nach Robben ist.

MITTAGSZEIT!

Das Kind wartet zunächst in einer Ecke des Raumes. Die Robben laufen um die Eisschollen herum und durch den Raum und rufen: „Eisbär, Eisbär, wann kommst du?" Der Eisbär antwortet beispielsweise: „Um 10 Uhr." Die Kinder rennen weiter durch den Raum und rufen: „Eisbär, Eisbär, wann kommst du?" Der Eisbär sagt wieder eine andere Uhrzeit. So geht das weiter, bis er irgendwann „Mittagszeit!" ruft. Alle Kinder versuchen dann so schnell wie möglich auf ihre Eisschollen zu kommen.

HELFER

Wen der Eisbär vorher berührt, der wird „gefressen" und im nächsten Spieldurchgang zu einem Eisbären, der beim Robbenfang mithelfen muss. Das Spiel geht so lange weiter, bis alle Robben gefressen sind. Dann fängt es wieder von vorn an mit einem anderen Kind als Eisbär.

Idee: Annegret Frank

Futterstelle im Winter

Laufspiel

Alter: ab 3 Jahren

Dauer: 10 Minuten

Ort: Turnhalle

Material: 5 Gymnastikreifen, Baumfrüchte (Kastanien, Eicheln, Tannenzapfen, alternativ Bauklötze)

Bei diesem Spiel stellen alle Kinder Tiere dar, die in ihren Höhlen (Gymnastikreifen) am Rand des Raumes sitzen. In der Mitte liegt ein weiterer Reifen, der als Futterstelle dient. Darin befindet sich das Futter für die Tiere, beispielsweise Kastanien, Tannenzapfen und Eicheln.

GESCHICHTE

Erzählen Sie nun eine kurze Geschichte vom Winter, in der die Tiere des Waldes nach Futter suchen. Als sie sehen, dass der Förster einen Futterplatz aufgestellt hat, laufen sie alle dort hin, nehmen sich etwas und springen schnell wieder in ihre Höhlen zurück.

FUTTERTRANSPORT

Dies sollen die Kinder jetzt nachspielen. Dazu bilden Sie Vierergruppen. Es darf aber bei jedem Gang zur Futterstelle immer nur ein Stück mitgenommen werden! Die „Tiere“ rennen wieder zurück, bringen ihre Nahrung in Sicherheit, gehen wieder zum Futterplatz, bis kein Stück mehr übrig ist. Zum Schluss wird gezählt, wer das meiste Futter eingesammelt hat. Danach kommt die nächste Vierergruppe dran und das Spiel beginnt von vorn.

Idee: Annegret Frank

Winter im Wald

Bewegungsspiele

Alter: ab 5 Jahren
Dauer: 45 Minuten
Ort: Wald

Spiel 1 | **WER VERSTECKT SICH HIER IM WALD?**

Material: ausrangierte Decken, wasserdichte Decke oder Folie, Äste, Laub und anderes Waldmaterial

Rehe und andere Waldtiere können sich im Wald perfekt tarnen. Die Kinder teilen sich in zwei oder noch mehr Teams. Jedes Team versteckt nun zwei oder drei Kinder im Wald unter einer Decke, die zusätzlich mit Ästen, Laub und anderem Waldmaterial dekoriert wird, sodass die Decke kaum noch zu erkennen ist. Legen Sie vorher noch von unten eine wasserdichte Decke oder Folie aus, auf der die Kinder Platz nehmen. Die Gruppen tauschen die Plätze und versuchen nun, das versteckte „Reh/Wildschein" der anderen Gruppe von einem festgelegten Standpunkt aus zu entdecken.

Spiel 2 | **MÄUSE PIEPSEN UNTER DEM SCHNEE**

Material: 1 Augenbinde

Die Mäuse sind für den Fuchs unsichtbar, da sie in ihren Gängen unter der Schneedecke sitzen oder unterwegs sind. Allerdings kann er sie gut hören. Die Kinder verteilen sich auf einem abgegrenzten Spielfeld. Ein Kind ist der Fuchs. Es setzt eine Augenbinde auf und versucht nun, nur nach dem Gehör die Mäuse zu fangen. Diese müssen etwa alle 5 Sekunden einen Laut von sich geben und dürfen sich nicht von der Stelle bewegen.

Spiel 3 | **ÜBERWINTERUNGSJOGGING**

Besprechen Sie im Vorfeld ein paar Überwinterungsstrategien verschiedener Tiere. Zum Beispiel: Wildschwein (sucht weiter Futter – grunzend umherlaufen), Igel (schläft – schnarchen) oder Zitronenfalter (Kältestarre – nicht bewegen).
Alle Kinder laufen durcheinander, bis Sie „Stopp!" rufen. Dann nennen Sie den Namen eines Tieres. Alle Kinder überlegen sich, mit welcher Strategie dieses Tier überwintert, und machen die dazu passende Bewegung oder das Geräusch.

Idee: Michael Müller

Guten Tag, lieber Fuß!

Musik-Stopp-Spiel

Alter: ab 4 Jahren
Dauer: 10 Minuten
Material: Musik

Ein lustiges und bewegungsreiches Spiel für zwischendurch ist diese Fußbegrüßung. Stellen Sie die Lieblingsmusik der Kinder an. Zur Musik laufen, hüpfen, rennen, gehen, tanzen … alle barfuß durch den Raum.

DIE FÜSSE SAGEN HALLO!

Stoppt die Musik, sucht sich jeder einen Partner. Die Paare müssen sich jetzt eine originelle Fußbegrüßung ausdenken, zum Beispiel, die Fußsohle an die des Partners legen oder die Zehen am Knie des Partners reiben, einen Fuß in eine Hand des Partners legen, mit den Zehen die Zehen des Partners berühren … Da werden Ihre Kinder bestimmt viele Ideen haben!

Spaß macht es auch, wenn immer ein (anderes) Kind eine Begrüßung vormacht, die die restlichen Kinder dann nachahmen.

Idee: Annegret Frank

Essenszeit

Bewegungsspiele

Alter: ab 4 Jahren
Dauer: je 10 Minuten
Ort: Bewegungsraum

Spiel 1 | **SPAGHETTITELLER**

Material: 1 großer Gymnastikreifen, viele Gymnastikseile

Manchmal machen die kleinsten Ideen den meisten Spaß. Hier sorgt ein simpler Gymnastikreifen mit Seilen für langen Spielspaß.

Legen Sie einen großen Gymnastikreifen in die Kreismitte. Das ist der Spaghettiteller. Als Spaghetti kommen nun noch viele Seile durcheinander geknäuelt in den Reifen. Wer kann nur mit den Zehen oder Füßen eine „Nudel" vom Teller ziehen?

Achtung: Dieses Spiel ist anstrengend: Vor allem Bauch- und Beinmuskeln müssen hier ganz schön arbeiten. Dafür ist der Spaßfaktor hoch und die Kinder werden mit Feuereifer bei der Sache sein.

Spiel 2 | **DAS FAST-FOOD-SPIEL**

Material: Musik

Die Mädchen und Jungen laufen, rennen oder tanzen zur Musik durch den Raum. Dabei können Sie auch unterschiedliche Bewegungsformen vorgeben, etwa vorwärts laufen, rückwärts laufen, hüpfen …
Wenn die Musik stoppt, bleiben die Kinder stehen und stellen mit dem eigenen Körper allein oder in der Gruppe das genannte Fast Food dar. Überlegen Sie sich dazu gemeinsam vor dem Spiel Lieblings-Fast-Food-Gerichte der Kinder und passende Bewegungen, beispielsweise:

Pommes: Jedes Kind legt sich auf den Rücken auf den Boden.
Sandwich: Die Kinder legen sich zu zweit übereinander.
Hamburger: Drei Kinder legen sich übereinander.
Cheeseburger: Vier Kinder legen sich übereinander.
Big Sandwich: Fünf Kinder legen sich übereinander.

TIPP:
Je nach Alter, Bewegungserfahrung und Vertrauen der Kinder untereinander kann die Vielfalt der Ansagen gesteigert werden. Spielen Sie das Spiel mit Vierjährigen, reichen die Ansagen von zwei Formen (z. B. *Pommes* und *Sandwich*) zur motorischen Umsetzung.
Achten Sie darauf, dass sich Kinder ähnlicher Größe und mit ähnlichem Gewicht zusammentun.

Idee: Annegret Frank

Alter: ab 3 Jahren
Dauer: je Minuten
Ort: Turnhalle

Spiel 1 | **ZEITUNGSBALL**

Material: Zeitungspapier

Jetzt wird es wild: Die Kinder knüllen unterschiedlich große Zeitungspapierstücke zu großen, kleinen und Mini-Bällen und setzen sich im Kreis um die Zeitungspapierbälle herum. Nur mit Füßen und Zehen kann nun eine Zeitungspapierschneeballschlacht gespielt werden. Spaß machen auch Spiele wie „Weitergeben eines Schneeballs nur mit Füßen oder Zehen" oder „Zuwerfen und fangen". Aber da fällt den Kindern bestimmt noch viel ein!

Spiel 2 | **FUSS-TRANSPORTER**

Material: Start- und Zielmarkierung, verschiedene Materialien zum Transportieren in doppelter Ausführung (z. B. Zeitung, Wäscheklammern, Sandsäckchen, Seile, Bausteine), 2 Körbe

Hier treten zwei Mannschaften gegeneinander an. Die Materialien liegen an den Startpunkten bereit, die Körbchen für jede Mannschaft stehen an der Ziellinie.
Immer ein Kind aus jedem Team versucht, einen Gegenstand mit seinem Fuß in's Ziel zu transportieren und dort – ebenfalls mit dem Fuß – in das Körbchen zu legen. Danach läuft es schnell zurück und das zweite Kind ist an der Reihe. Welche Mannschaft schafft es zuerst, alle Gegenstände in ihr Körbchen zu legen?

Idee: Annegret Frank/Leah Schäfer

Musikschlange

Bewegungsspiel

Alter: ab 3 Jahren
Dauer: 10 Minuten

Die Kinder stellen sich hintereinander auf. Wenn die Musik erklingt, führt das erste Kind eine Bewegung aus, beispielsweise hüpfen, schleichen, auf allen vieren kriechen oder etwas Ähnliches. Alle anderen Kinder der Schlange bewegen sich auf dieselbe Art und Weise vorwärts. Hört die Musik auf, geht das erste Kind an den Schluss und das jetzt vorn laufende Kind bestimmt beim Einsetzen der Musik die Gangart. Das Spiel wird fortgesetzt, bis wenigstens alle Kinder einmal Anführer gewesen sind.

Idee: Britta Bartoldus

Sturm auf dem Meer

Gleichgewichtsspiel

Alter: ab 4 Jahren
Dauer: 10 Minuten
Material: 1 Weichbodenmatte, 6 Rollbretter

Mindestens acht Kinder knien um eine Weichbodenmatte aus der Turnhalle, unter die etwa sechs Rollbretter (je nach Mattengröße) geschoben werden.

GLEICHGEWICHT HALTEN

Ein Kind aus der Gruppe setzt sich, kniet sich oder stellt sich auf die Weichbodenmatte, während die Gruppe die Matte langsam hin- und herschiebt. Das Kind auf der Weichbodenmatte muss versuchen, sein Gleichgewicht zu halten. Dabei können Sie eventuell eine Geschichte erzählen, etwa von einem Schiff, das nach Amerika fährt.

STÜRMISCHE SEE

Ein Sturm kommt auf und das Kind muss gegen hohe Wellen ankämpfen … Entsprechend ruhig oder stark wird die Weichbodenmatte von der Gruppe hin- und hergeschoben.
Das Kind auf der Matte muss versuchen, das Gleichgewicht in der von ihm gewählten Körperstellung (sitzend, kniend, stehend) zu halten. Dann wird gewechselt. Sie können unterstützend beim Schieben der Weichbodenmatte helfen.

Idee: Annegret Frank

Das große Mistkäferkugeln

Bewegungsspiel

Alter: ab 3 Jahren

Dauer: 30 Minuten

Material: Bild von einem Mistkäfer, nach Wunsch: Decken oder Matten, Bälle aller Art, 1 Kriechtunnel, 2 Wäschekörbe

Zeigen Sie den Kindern ein Bild eines Mistkäfers. Stellen Sie einen Wäschekorb mit unterschiedlichen Bällen auf. Legen Sie davor den Kriechtunnel oder einige Matten aus. Den anderen Wäschekorb stellen Sie dahinter leer auf.

SCHNELL DURCH DEN ERDGANG

Die Mistkäfer müssen heute schnell sein und ihre Mistkugeln (die Bälle) durch den Erdgang rollen. Bekommen sie das möglichst schnell hin? Jedes Kind sucht sich einen Ball aus, mit dem es durch den Tunnel kriecht, etwa indem es den Ball vor sich her rollt wie die echten Käfer oder indem es den Ball in der Hand behält. Schaffen es die Kinder auf diese Art, alle Bälle vom vollen Korb in den leeren Korb zu transportieren?

Tipp: Als Wettspiel können zwei Teams mit zwei Kriechtunneln gegeneinander antreten. Dann bekommt natürlich jedes Team gleich viele Erdkugeln (Bälle). Eine lustige Variante ist auch, dass die Kinder keine Bälle kugeln, sondern sich selbst: Ein Kind legt sich vor ein kniendes Kind auf den Rücken und lässt sich von ihm über Matten und Decken ans Ziel rollen.

Idee: Tina Scherer

Die Keksdiebe

Kreisspiel

Alter: ab 3 Jahren

Dauer: 10 Minuten

Material: 1 große leere Dose, 1 Stuhl und 1 Keks für jedes Kind

Zu Beginn des Spiels bauen Sie einen weiten Stuhlkreis auf. Jedes Kind nimmt sich einen Keks und setzt sich auf einen Stuhl. In die Mitte kommt die leere Dose.

WER HAT DIE KEKSE GEKLAUT?

Das erste Kind oder Sie selbst sprechen eines der Kinder im Kreis an mit den Worten: „Du hast den Keks aus der Dose geklaut!"
Das Kind antwortet: „Wer, ich?"
Alle bestätigen: „Ja, du!"
Das Kind rennt schnell zur Dose, legt seinen Keks hinein und spricht: „Ich hab den Keks nicht aus der Dose geklaut, X (Namen eines Kindes aus dem Kreis einfügen) hat es getan."
Nun fragt das angesprochene Kind: „Wer, ich?"

ALLE KEKSE SIND WIEDER DA

So geht es weiter, bis alle Kekse in der Dose liegen und jedes Kind einmal an der Reihe war.
Kinder, die die Hände schon frei haben, können zum Sprechen auch rhythmisch klatschen, beispielsweise immer im Wechsel auf die Oberschenkel und in die Hände. Zum Schluss dürfen die Kekse natürlich gegessen werden.

Idee: Tina Scherer

Fliege-Spinne-Spiel

Reaktionsspiel

Alter: ab 4 Jahren
Dauer: 10 Minuten
Material: nach Wunsch Teppichfliesen

Bei diesem Spiel kommt mächtig Bewegung in die Gruppe, denn hier müssen die Kinder rennen, gut aufpassen und schnell reagieren können.

FLIEGENHÄUSER

Zwei Kinder bleiben stehen. Die anderen setzen sich auf den Boden. Dazu können Sie ihnen Teppichfliesen austeilen, falls der Boden sonst zu kalt ist. Die Teppichfliesen haben auch den Vorteil, dass die Kinder sich daran im Spiel orientieren können. Die Kinder sind nämlich in diesem Spiel Fliegen, die in ihren Fliegenhäusern warten. Dazu setzen sie sich mit gegrätschten Beinen auf ihre Häuser/Fliesen.

Eines der beiden stehenden Kinder spielt eine Spinne.

HUNGRIGE SPINNE

Die Spinne hat Hunger und will sich eine Fliege fangen. Das andere Kind spielt eine Fliege, die um alle Fliegenhäuser herumfliegt. Um sich vor der Spinne zu retten, kann sich das Fliegenkind in eines der Fliegenhäuser setzen (zwischen die gegrätschten Beine einer „Fliege“).

ROLLENTAUSCH

Nun wird das Fliegenhaus zur Spinne und die vorherige Spinne zur Fliege: Ein Rollentausch findet statt, bei dem die Kinder blitzschnell umdenken müssen, und die Jagd geht weiter.
Fängt die Spinne die Fliege allerdings, bevor sie das rettende Fliegenhaus erreicht hat, findet der Rollentausch vorher statt.

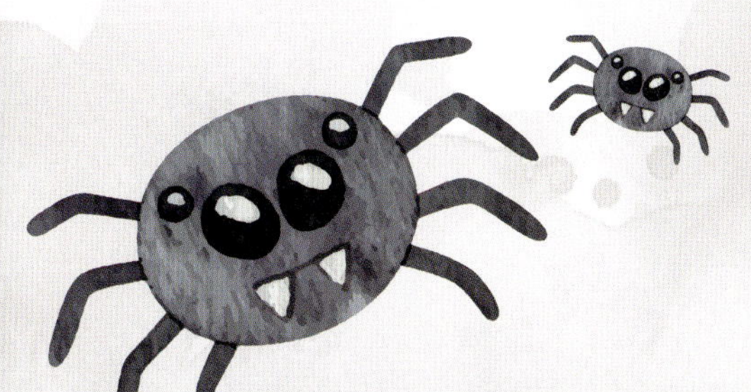

Idee: Annegret Frank

Im Pferdestall

Bewegungsspiel

Alter: ab 3 Jahren
Dauer: 10 Minuten
Material: Bewegungsmusik

In diesem Spiel sind alle Kinder Pferde oder Ponys. Zur Musik laufen, galoppieren oder traben sie durch den Raum. Beim Musikstopp bekommen die Pferde und Ponys ein Kommando zugerufen. Sie finden sich immer zu zweit zusammen. Eines der beiden Ponys wird zum Reiter oder Pfleger. Gemeinsam setzen sie das Gehörte um. Die Rollen können die Kinder natürlich nach einigen Spielrunden wechseln.

KOMMANDOS:

Ausritt: Das Pferd kniet sich im Vierfüßlerstand auf den Boden, der Reiter setzt sich darauf, um einige Meter zu reiten.

Hufeisen auskratzen: Das Pferd kniet sich im Vierfüßlerstand auf den Boden, hebt einen Fuß und lässt sich vom Reiter die Hufe auskratzen (mit der Faust über die Fußsohle reiben).

Pferdepflege: Der Reiter reibt dem Pferd mit der flachen Hand oder der Faust sanft über den Rücken.

Suchen Sie gemeinsam mit den Kindern noch andere Kommandos.

Idee: Annegret Frank

Gespenster-fangen

Fangspiel

Alter: ab 4 Jahren

Dauer: 20 Minuten

Material: 1 kleines, weißes Taschentuch, 1 Wäscheklammer

In diesem Spiel ist ein Kind der Gespensterjäger. Als Erkennungszeichen bekommt es das weiße Taschentuch irgendwo an der Kleidung festgesteckt. Alle anderen Kinder sind Gespenster. Der Gespensterjäger macht sich natürlich sofort auf, um möglichst viele Gespenster durch Abschlagen einzufangen. Wer gefangen wurde, geht in die Hocke und wartet, bis ihn ein anderes Gespenst (ebenfalls durch Abschlagen) wieder befreit.

GEJAGTER JÄGER

Aber auch der Gespensterjäger muss sich in Acht nehmen: Wer es schafft, dem Gespensterjäger sein Tuch abzujagen, ohne vom Jäger berührt oder abgeschlagen zu werden, der ist sofort der neue Gespensterjäger und begibt sich nun selbst auf die Jagd nach Gespenstern. Bei diesem Rollenwechsel müssen die Kinder sehr gut aufpassen, denn nicht immer ist das kleine, weiße Tuch gut zu sehen.

Idee: Tina Scherer

Sinnvoll bewegt

Bewegungsspiele

Alter: ab 3 Jahren

Dauer: 10 Minuten

Material: Bewegungsmusik

Idee 1 | **BEWEGUNG UND KÖRPERGEFÜHL: BEWEGUNGEN ZUM SCHNELLDENKEN**

- Mach mal einen Kängurusprung!
- Watschle wie ein Pinguin!
- Renn mal wie ein Leopard!
- Mach mal einen Katzenbuckel!
- Heul mal wie ein Wolf!
- Schlängle dich wie eine Schlange!
- Stampf mal wie ein Bär!
- Flieg mal wie ein Vogel!
- Renn mal wie ein Pferd!
- Hüpf mal wie eine Springmaus!
- Schlaf mal wie ein Hund!

Idee 2 | **VERKEHRTE WELT: ERFAHRUNGEN ZUM UMDENKEN**

- Lauf mal rückwärts und seitwärts statt vorwärts!
- Geh mal auf den Zehenspitzen/Hacken statt auf dem ganzen Fuß!
- Wirf den Ball mal mit den Füßen statt mit den Händen!
- Sitz mal unter dem Stuhl statt auf dem Stuhl!
- Spring mal rückwärts mit dem Seil statt vorwärts!
- Gib deinem Gegenüber mal die Schulter statt die Hand!
- Stell dich in die Grätsche und schau durch deine Beine – du siehst die Welt mal andersrum!
- Halte deinen besten Freund mal dort fest, wo es sich gut anfühlt, statt an der Hand!

Idee: Heike König

UND SO GEHT'S:
Am besten trainieren die Kinder nicht eine Bewegung einzeln, sondern möglichst viele nacheinander, damit sich das Gehirn und die Motorik immer wieder auf neue Aufgaben einstellen müssen. Auf diese Weise lernen die Kinder ihren eigenen Körper noch besser kennen.

Tipp: Sie können den Kindern in der ersten Spielidee auch einfach Bilder von den Tieren zeigen. Dann müssen die Mädchen und Jungen nicht von gehörter Information auf den eigenen Körper umschalten, sondern sie müssen visuellen Input in Bewegungen umsetzen.

Ein Spaziergang im Wald

Reaktionsspiel

Alter: ab 4 Jahren

Dauer: 10 Minuten

Paul und **Lisa** gehen mit ihren Eltern im Wald spazieren. **Paul** freut sich: „So ein schöner sonniger Tag." Sie gehen ganz gemütlich über den weichen Waldboden. Lisa sieht sich um. Sie sagt: „Mensch **Paul**, sind das viele **Bäume** hier!" Da hören sie ein lautes Klopfen. **Lisa** ist sich ganz sicher. Das muss ein **Eisbär** sein. Schnell laufen **Paul** und seine Schwester los und klettern auf einen der vielen **Bäume**.
Mama und **Papa** wundern sich: „Ein **Eisbär**? Hier im Wald? Unmöglich!" **Lisa** und **Paul** klettern wieder von ihren **Bäumen**. Doch was war das dann für ein Klopfen? Eine **Eule**? Ein **Wildschwein**? Oder ein **Reh**?
„Nein, nach einer **Eule** hat es sich nicht angehört", findet **Paul**. **Papa** meint, ein **Wildschwein** klingt auch anders. **Mama** sagt: „Also ein klopfendes **Reh** habe ich noch nie gehört."
Lisa hat eine andere Idee: „Ich glaube, es war ein **Specht**!" Sie schauen nach oben und sehen einen kleinen **Specht** ein Loch in einen Baumstamm picken.
So eine Aufregung wegen eines kleinen **Spechts**. Da muss die ganze Familie lachen. **Mama**, **Papa**, **Paul** und **Lisa** verabschieden sich von allen **Eisbären**, **Eulen**, **Wildschweinen**, **Rehen**, **Spechten** und **Bäumen** und gehen ganz gemütlich nach Hause.

UND SO GEHT'S:

Bilden Sie zwei Mannschaften, jeweils bestehend aus: Paul, Lisa, Eisbär, Mama, Papa, Eule, Wildschwein, Reh, Specht.
Sobald ein bestimmter Name/ein bestimmtes Tier vorgelesen wird, muss das entsprechende Kind jeder Mannschaft eine vorher festgelegte Strecke laufen und schneller zurück sein, als das Kind der anderen Mannschaft. Manchmal sind auch mehrere Kinder auf einmal unterwegs.
Fällt der Begriff *Bäume*, laufen alle Kinder los.

Idee: Leah Schäfer

Kapitel 2

Lieder, Gedichte und Geschichten zum Mitmachen

Geisterstunde

Mitmachgeschichte

Alter: ab 3 Jahren

Dauer: 5 Minuten

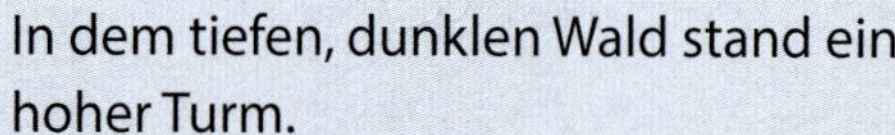

In dem tiefen, dunklen Wald stand ein hoher Turm.
Mit den Händen einen hohen Turm zeigen.

In dem Turm wohnten zwei kleine Geister. In einer dunklen, dunklen Nacht, als die Turmuhr zwölf schlug …
Von 1 bis 12 zählen.

… da erwachten die kleinen Geister und sangen ihr Lied: „Hua hua hua ha – die Geisterstunde ist jetzt da. Wir Geister hier im Mondenschein wollen heute lustig sein."
Die Hände mit gespreizten Fingern hin- und herbewegen, dabei gruselig sprechen.

Die Geister hatten sich überlegt, dass sie heute ein paar Leute erschrecken wollten.
Die Hände aneinanderreiben.

Sie flogen hinaus in die dunkle Nacht und hinein in den Geisterwald. Im Geisterwald wohnte eine Geisterprinzessin. Die wollten sie als Erste erschrecken.
Die Hände langsam reiben.

Langsam flogen sie durch die Bäume und waren bald am Haus der Prinzessin. Sie stand vor ihrem Haus und guckte in die Sterne. Die kleinen Geister flogen ganz leise und landeten hinter ihr.
Leise sprechen.

Da riefen die Geister ganz laut „Buh!" und die Prinzessin zuckte zusammen.
„Buh!" rufen, zusammenzucken.

Die kleinen Geister lachten laut und flogen schnell davon.
Hände aneinanderreiben.

Zum Abschied heulten sie ihr Geheul: „Hua hua hua ha – die Geisterstunde ist jetzt da. Wir Geister hier im Mondenschein wollen heute lustig sein."
Die Hände mit gespreizten Fingern hin- und herbewegen.

Sie flogen weiter zum Schloss des Prinzen. Den wollten sie als Nächstes erschrecken. Der Prinz lag schlafend in seinem Bett.
Hände aneinanderreiben, Kopf auf die Hände legen und „schlafen", die Bettdecke festhalten.

Sie nahmen die Bettdecke des Prinzen, zählten bis drei …
„1, 2, 3" zählen.

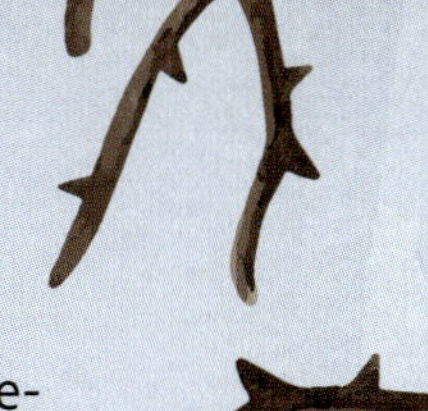

… und wirbelten die Decke hoch und runter und machten dabei ein gruseliges Geistergeheul: „Huhuhuhuhuuu!"
Arme auf- und abbewegen, dabei ein Gespenstergeheul machen.

Der Prinz erwachte, schrie auf, riss seine Bettdecke an sich und versteckte sich darunter.
Kurz aufschreien, dann die Hände und Arme schützend über den Kopf halten.

Die Geister lachten und flogen schnell davon.
Hände schnell aneinanderreiben.

Zum Abschied heulten sie ihr Geheul: „Hua hua hua ha – die Geisterstunde ist jetzt da. Wir Geister hier im Mondenschein wollen heute lustig sein."
Die Hände mit gespreizten Fingern hin- und herbewegen.

Auf dem Rückweg zum Turm sahen sie ein kleines Haus. Dort wohnten Kinder. Diese Kinder spielten oft so laut, dass die Geister nicht schlafen konnten. Darum wollten sie diese nun auch noch erschrecken.
Fingerspitzen aneinanderhalten, das Dach andeuten.

Sie flogen ganz leise an das Haus heran …
Hände aneinanderreiben, leise sprechen.

… und sahen durch das Fenster ins Kinderzimmer.
Hand an die Stirn legen und gucken.

Da wurde auf einmal das Fenster aufgestoßen und zwei wuschelige Köpfe schauten heraus.
Hände aneinanderlegen, dann ruckartig auseinanderbewegen.

Die Kinder riefen: „Hua hua hu, haut ab!"
„Hua hua hu, haut ab!" rufen.

Da erschraken die kleinen Geister so sehr, dass sie schnurstracks zu ihrem Turm flogen und sich in ihr Bett verkrochen.
Hände schützend auf den Kopf legen.

Da schlug auch schon die Turmuhr eins und die Geisterstunde war vorbei.
Einmal in die Hände klatschen.

Idee: Kathrin Eimler

Räuber Ricos Fitness-Programm

Mitmachgedicht

Alter: ab 3 Jahren

Dauer: 5 Minuten

Räuber Rico keucht im Wald,
beim Fitness-Programm wird ihm nicht kalt.
Auf der Stelle laufen.

Einmal um die Bäume rum,
dann stehen bleiben, still und stumm.
Sich laufend einmal ums sich selbst drehen, dann stehen bleiben.

Einmal, zweimal in die Knie,
der Räuber ächzt und keucht wie nie.
Zwei Kniebeugen machen.

Als Nächstes ein Gewicht geschnappt,
ah, sieh nur, wie das flutscht und klappt!
Jedes Kind nimmt sich zwei unsichtbare Hanteln.

Einmal, zweimal hoch und runter,
der Räuber wird so langsam richtig munter.
Die Hanteln zweimal hoch- und hinunterheben.

Der Räuber legt die Hanteln zurück,
jetzt rennt er noch ein kleines Stück.
Die Hanteln zurücklegen und noch einmal auf der Stelle laufen.

Das Training ist für heute aus,
der Räuber geht jetzt schnell nach Haus.
Alle Kinder geben sich die Hand.

Idee: Yvonne Wagner

Der Wicht in der Schachtel

Mitspielgedicht

Alter: ab 3 Jahren

Dauer: 5 Minuten

Material: 1 Schachtel mit Deckel und 1 Spielfigur als Wicht für jedes Kind

In einer Schachtel, da lebte ein Wicht.
Herauskommen? Das wollte er nicht.

Auf die Schachtel klopfen. In der Schachtel befindet sich eine Wichtel-Figur.

Doch schüttelte ein Kind
die Schachtel sehr,
da gefiel es dem Wicht in der Schachtel
nicht mehr.

Die Schachtel schütteln.

So kam er aus seiner Schachtel heraus,
stellte sich oben auf den Deckel drauf.

Die Figur herausnehmen, auf die Schachtel stellen.

Das Kind wollte ihn greifen,
den kleinen Wicht,
schnell kroch er unter den Deckel,
denn das mochte er nicht.

Figur in die Schachtel kriechen lassen.

Das Kind hob den Deckel hoch und lachte,
weil der Wicht jetzt Grimassen machte.

Deckel anheben.

Der Wicht hüpfte neben die Schachtel
sehr flink,
rannte nach rechts, dann wieder
nach links.

Figur neben die Schachtel stellen, nach rechts und links bewegen.

Und seitdem, was glaubt ihr, war der
Wicht fort. Er lebt jetzt an einem
anderen Ort.

Figur in der Hand verstecken.

Idee: Tina Scherer

Juhu, der Nikolaus kommt!

Mitmachgeschichte

Alter: ab 3 Jahren

Dauer: 10 Minuten

Material: rote Serviette oder rotes Tuch für jedes Kind

DER NIKOLAUS KOMMT

Es war der Abend vor dem Nikolaustag und der Nikolaus legte schon alles bereit, um den Kindern ihre Geschenke zu bringen.

Er setzte sich seine **rote** Mütze auf den Kopf und legte seinen **roten** Umhang um.

Dann packte er seinen großen Sack mit Geschenken. Erst die orangefarbenen Mandarinen, dann die braunen Nüsse und zum Schluss viele schöne, **rote** Äpfel.

Doch am liebsten aßen die Kinder die kleinen, **roten** Schoko-Nikoläuse. Darum legte er ganz viele kleine, **rote** Schoko-Nikoläuse in den großen Sack.

Dann hob er den schweren, großen Sack hoch und brachte ihn zu seinem Schlitten mit den **roten** Kissen.

Unter dem großen Sack hatte sich ein kleiner, **roter** Schoko-Nikolaus versteckt. Den steckte der Nikolaus in die Tasche seines großen, **roten** Umhangs.
Dann ging seine Reise los. Er setzte sich auf ein bequemes, **rotes** Kissen und der Schlitten fuhr los.

Die Kinder schliefen alle schon. Doch vorher hatten sie natürlich noch ihre Stiefel vor die Haustüren gestellt. Manche Stiefel waren **rot**.

Der Nikolaus füllte alle Stiefel mit den orangefarbenen Mandarinen, den braunen Nüssen und den **roten** Äpfeln. Und oben aus den Stiefeln schaute immer ein kleiner, **roter** Schoko-Nikolaus heraus. Schön sah das aus!

Als er alle Stiefel gefüllt hatte, machte sich der Nikolaus müde auf den Rückweg. Zu Hause angekommen, zog er seinen **roten** Umhang aus und legte die **rote** Mütze ab.

Er freute sich schon auf die glücklichen Kinder am nächsten Morgen.
Und die Kinder? Die freuten sich natürlich, als sie am nächsten Morgen wach wurden und ihre Stiefel entdeckten. Aber am meisten freuten sie sich über die kleinen, **roten** Nikoläuse.

UND SO GEHT'S:
So einfach sorgen Sie für Bewegung: Lesen Sie den Kindern die Geschichte vor. Immer wenn in der Geschichte das Wort „rot" vorkommt, stehen die Kinder auf und laufen mit der roten Serviette in der Hand eine Runde durch den Raum.

GEFÜLLTER NIKOLAUS

Material: Toilettenpapierrolle, rotes Tonpapier, rotes Krepppapier, rotes Geschenkband, Wackelaugen, roter Fotokarton, hautfarbenes Tonpapier, Watte, Stifte für das Gesicht, Schere, Klebstoff, Süßigkeiten zum Befüllen

Die Kinder bekleben die Toilettenpapierrolle mit rotem Tonpapier. Anschließend schneiden sie einen Kreis aus dem Fotokarton, der etwas größer ist als der Durchmesser der Toilettenpapierrolle und kleben diese als Boden auf den Kreis.

Danach schneiden sie Mädchen und Jungen ein Gesicht aus dem hautfarbenen Tonpapier und kleben es auf die Rolle. Nase und Mund werden aufgemalt, die Augen auf das Gesicht geklebt.

Die Kinder schneiden einen Streifen aus dem roten Krepppapier und kleben ihn von innen an die Toilettenpapierrolle. Mit der Watte kleben sie einen Bart um das Gesicht und einen Streifen um den oberen Rand der Rolle.

Jetzt kann der Nikolaus befüllt und anschließend mit dem Geschenkband verschlossen werden.

Idee: Britta Bartoldus/Leah Schäfer

Ich stelle mich auf meinen Stuhl

Spiellied

Alter: ab 3 Jahren
Dauer: 10 Minuten
Material: 1 Stuhl für jedes Kind

Ich stelle mich auf meinen Stuhl,
trali, trala, tralin.
Ich stelle mich auf meinen Stuhl
und setz mich wieder hin.
Auf den Stuhl stellen und wieder hinsetzen.

Dann wackel ich mit Arm und Bein,
mit Bauch und Kopf und Kinn.
Ich wackle, was ich wackeln kann,
dann bin ich wieder still.
Mit den angegebenen Körperteilen wackeln.

UND SO GEHT'S:

Alle Kinder sitzen auf ihren Stühlen. Dann beginnen Sie den Sprechgesang: Den zweiten Teil des Textes „und setz mich wieder hin" sehr schnell sprechen. Dazu führen Sie die Bewegungen vor, steigen auf den Stuhl und setzen sich dann wieder hin. Die Kinder können sofort mitmachen.
Wiederholen Sie den Sprechgesang mit immer neuen Strophen, die Sie sich mit den Kindern zusammen ausdenken. Anregungen finden Sie auch hier:

- Ich lege mich auf meinen Stuhl.
- Ich leg mich unter meinen Stuhl.
- Ich setze mich vor meinen Stuhl.
- Ich stell mich hinter meinen Stuhl.
- Ich hüpfe neben meinem Stuhl.
- Ich knie mich neben meinen Stuhl.

Idee: Marion Bischoff

Ich geh schwimmen

Singspiel

Alter: ab 3 Jahren

Dauer: 10 Minuten

Material: Sommeraccessoires wie Badetasche, Handtuch, Trinkflasche, Schwimmbrille oder Sonnenbrille, Badehose

1 Ich geh schwimmen,
ich geh schwimmen,
sagt, wer geht von euch mit?
Schnell noch packen, alle Sachen,
und dann nehm ich dich mit!

2 Wir gehn schwimmen,
wir gehn schwimmen,
sagt, wer geht denn noch mit?
Schnell ein Handtuch, Badehose
und dann nehm'n wir dich mit!

3 Wir gehn schwimmen,
wir gehn schwimmen,
sagt, wer geht denn noch mit?
Schnell die Brille und 'ne Flasche
und dann nehm'n wir dich mit!

(Melodie: Kleine Meise, kleine Meise)

UND SO GEHT'S:

Finden Sie sich mit den Kindern in einem Stehkreis zusammen. Alle Accessoires kommen in die Kreismitte. Ein Kind geht in die Mitte. Gemeinsam singen die Kinder die erste Strophe. Das Kind in der Mitte geht mit Ihnen im Kreis umher. Dabei heben Sie die Badetasche vom Boden auf. Am Ende der Strophe sucht sich das Kind ein Kind aus dem Kreis aus, das es an die Hand nimmt und mit in den Kreis zieht.

In der zweiten Strophe gehen die beiden Kinder allein im Kreis umher. Sie heben die im Text erwähnten Sachen auf und stopfen sie in die Tasche. Am Ende sucht sich jedes Kind einen Freund aus, den es mit in den Kreis nimmt, sodass sich nun vier Kinder im Kreis befinden. So geht es weiter, bis alle in der Kreismitte verteilten Accessoires in der Tasche sind und alle Kinder mittanzen, die aufgefordert wurden.

Idee: Margot Lindner/Tina Scherer

Kleine Monster

Spiellied

Alter: ab 3 Jahren
Dauer: 10 Minuten

Kleine Monster, kleine Monster,
kommt herbei, kommt herbei!

Mit den Händen herbeiwinken.

Wir wollen heute spuken,
wir wollen heute spuken!

Kinder dürfen im Kreis Spukbewegungen machen.

Hui, hui, hui,
hui, hui, hui!

Arme hin- und herschwingen.

(Melodie: Bruder Jakob)

Ahorngeister

Material: Ahornblätter, weißes Papier (DIN A4), Stift, Nadel und Faden

Haben Sie einen Ahornbaum (ersatzweise eine Platane) in Kita-Nähe? Dann sammeln Sie doch ein paar der abgefallenen Blätter zum Basteln ein – und zwar für ein Gespenst! Gepresste Ahornblätter als Schablone verwenden: Einfach die Blätter auf festes, weißes Papier legen, nachziehen, wieder abnehmen: Den Umriss können die Kinder als Gespenst ausgestalten. Mit Nadel und Faden können Sie einen Aufhänger anbringen und schon schweben die kleinen Gesellen von der Decke.

Idee: Michaela Lambrecht

Ein Frühlingsspaziergang

Mitmachgeschichte

Alter: ab 3 Jahren

Dauer: 20 Minuten

Material: 2 Langbänke, Matten zum Absichern

Heute ist Frühlingsanfang. Die Sonne kitzelt uns wach.
Jedes Kind darf ein anderes Kind vorsichtig unter dem Kinn kitzeln, so lange, bis alle Kinder wachgekitzelt wurden.

Bei diesem schönen Wetter wollen wir alle gemeinsam einen schönen Spaziergang machen.
Alle Kinder dürfen nach Belieben im Raum herumlaufen.

Das ist ganz schön anstrengend und wir schütteln uns deshalb etwas die Arme und Beine aus.
Die Kinder schütteln nacheinander die Arme und dann die Beine aus.

Auf einem Feldweg liegen mehrere große Steine, über die wir hüpfen.
Die Kinder können mehrmals über die Langbank hüpfen.

Jetzt gehen wir lieber langsam weiter.
Die Kinder können im Raum frei umhergehen.

Wir beobachten die Vögel und hören ihrem Gesang zu. Jetzt spielen wir auch einmal Vogel.
Jedes Kind breitet seine Arme wie ein Vogel aus und hebt und senkt diese während des Gehens.

Seht ihr den riesigen Baumstamm? Wir balancieren ganz vorsichtig auf dem Baumstamm entlang.
Die Kinder balancieren auf einer umgedrehten Langbank.

Geschafft! Wir beobachten kleine Spinnen, wie sie ebenfalls den Baumstamm entlangkrabbeln.
Alle krabbeln nacheinander über die Langbank.

So ein Frühlingsspaziergang ist wunderschön, aber auch sehr anstrengend. Jetzt ist es auch schon wieder Zeit, nach Hause zu gehen.
Die Kinder dürfen zwei Runden im Kreis gehen und setzen sich dann zum Ausruhen auf die Langbank.

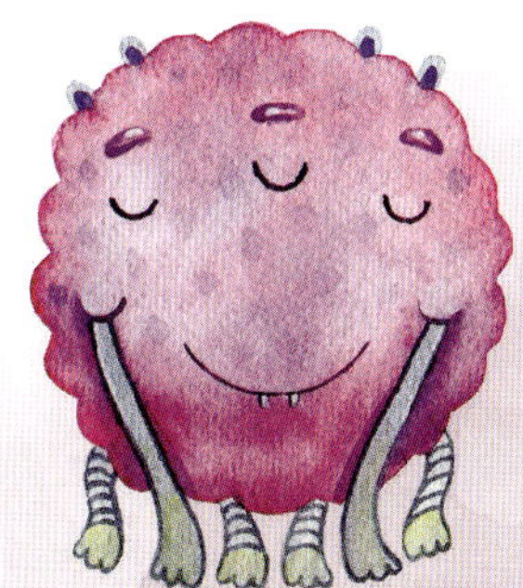

Idee: Michaela Lambrecht

Ich werde groß und stark

Mitmachgeschichte

Alter: ab 4 Jahren

Dauer: 15 Minuten

Ihr seid eine kleine Blumenzwiebel in der Erde. Vielleicht gehört die Zwiebel einer Tulpe oder vielleicht auch einer Hyazinthe? Gemütlich kuschelt ihr euch in eurem Häuschen in der Erde zusammen.
Auf dem Boden liegen und sich ganz klein machen.

Was ist das? Da kommen ja ein paar Lichtstrahlen durch die Erde. Da werden die Zwiebeln neugierig. Sie möchten gern nachschauen, was das ist. Ein kleiner Keim wächst aus der Zwiebel heraus. Er reckt und streckt sich.
Sich recken und strecken.

Aus der Zwiebel wächst der Keim hervor und langsam wird ein winziger Stängel aus ihm.
In die Hocke gehen.

Da guckt schon ein Hälmchen aus der Erde.
Arme über den Kopf heben und an den Händen zusammenlegen.

Es regnet ganz viel und der Stängel beginnt zu wachsen. Jetzt wird der Stängel größer und länger.
Sich langsam aufrichten.

Die Blätter kommen hervor.
Arme herunterführen und neben dem Körper bewegen.

Idee: Britta Bartoldus

Es regnet noch mehr und die Pflanze wird immer größer. Noch mehr winzige Blättchen erscheinen am Stängel.
Sich ganz lang machen und recken.

Jetzt ist die Pflanze schon ganz groß und ganz oben an der Pflanze ist eine Knospe entstanden.
Auf die Zehenspitzen stellen, die Arme über den Kopf führen, Handflächen zusammenlegen.

Die Sonne scheint auf die Pflanze und macht die Knospe neugierig. Die Knospe öffnet sich und die Blütenblätter kommen hervor und breiten sich aus. Wie schön das aussieht!
Die Arme ausbreiten und mit den Handflächen nach oben über den Kopf halten.

Es kommt ein leichter Wind auf – die Pflanze schaukelt im Wind.
Die Arme und den Oberkörper zur Seite hin- und herbewegen.

Der Wind spielt mit der Pflanze, sie dreht sich ein bisschen.
Den Oberkörper drehen.

Langsam geht der Sommer zu Ende. Die Pflanze ist müde.
Auf den Boden setzen und das Ende der Geschichte anhören.

Sie legt sich ein bisschen hin und schläft bis zum nächsten Jahr. Im Winter zieht sie sich in ihre Zwiebel zurück und schlummert. Und dann? – Geht die Geschichte wieder von vorn los.

Einmal klatschen

Klatschspiel

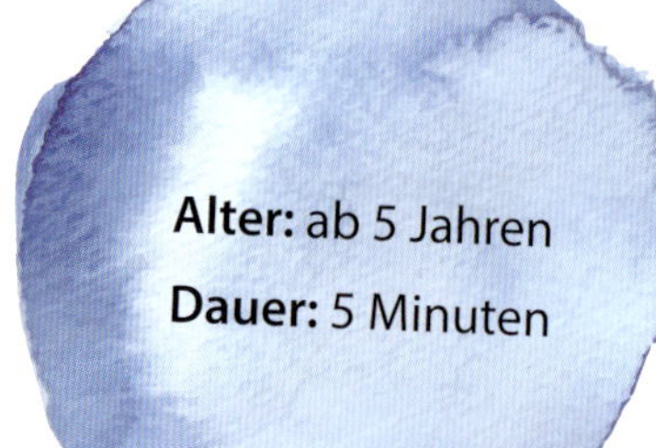

Alter: ab 5 Jahren

Dauer: 5 Minuten

1-mal klatschen, 2-mal klatschen, 3-mal klatschen und 4,
5-mal klatschen, 6-mal klatschen, 7-mal klatschen und mehr,
8-mal klatschen, 9-mal klatschen, 10-mal klatschen und dann
hab ich warme Hände und fang von vorne an.

UND SO GEHT'S:
Klatschen Sie immer bei jeder Zahl/Ziffer einmal also bei *1-mal klatschen* genau einmal klatschen, bei *2-mal* dann zum zweiten Mal, bei *3-mal* ein drittes Mal, aber bei *4* klatschen Sie 4-mal direkt hintereinander. Nach einer Runde Klatschen sind garantiert alle wach. Dann passen weitere Variationen mit Schnipsen, Stampfen – und was den Kindern sonst noch so einfällt.

Idee: Britta Bartoldus

Reise zum Meer

Mitmachgeschichte

Alter: ab 3 Jahren

Dauer: 10 Minuten

Material: 1 kleiner Ring für jedes Kind, 1 grünes Tuch, 1 rotes Tuch, 1 Schwungtuch

Heute machen wir eine lange Reise zum Meer. Wer will alles mitkommen? Wir fahren mit dem Auto.
Alle Kinder halten einen kleinen Ring als Lenkrad und spielen Auto.

Zuerst müssen wir über mehrere Ampeln.
Heben Sie dafür mehrmals ein grünes und ein rotes Tuch hoch. Bei Rot bleiben alle stehen, bei Grün geht es wieder weiter.

Endlich sind wir auf der Autobahn.
Alle Kinder laufen schnell.

Oh weh, es gibt einen Stau.
Alle Kinder gehen langsam hintereinander.

Endlich sind wir am Meer. Es ist wunderschön. Wir schauen den Wellen zu und spielen sie nach.
Alle Kinder versammeln sich um das Schwungtuch. Gemeinsam machen die Kinder Wellen durch das Hoch- und Herunterbewegen des Schwungtuches. Es gibt kleine und große Wellen. Wer möchte, darf sich auf das Schwungtuch legen, wenn die anderen Kinder Wellen machen.

Es war ein toller Tag. Schade, dass es schon wieder Zeit ist, nach Hause zu fahren.
Alle spielen wieder die Autofahrt nach.

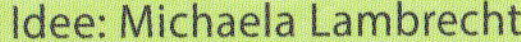

Idee: Michaela Lambrecht

Carlotta und Linus auf dem Bauernhof

Mitmachgeschichte

Alter: ab 3 Jahren

Dauer: 10 Minuten

Carlotta und ihr Bruder Linus machen heute einen Ausflug zum Bauernhof. Sie freuen sich schon sehr.
Die Arme nach oben strecken und laut jubeln.

Als sie ankommen, hält Carlotta ihre Nase in die Luft und sagt: „Riech mal, Linus."
Die Nase hochhalten und schnuppern.

Linus verzieht das Gesicht und hält sich die Nase zu. „Igitt, das stinkt!"
Die Nase mit den Fingern zuhalten.

Bauer Peter winkt den Geschwistern zu und ruft. „Hallo Kinder. Zieht schnell eure Matschhosen und die Gummistiefel an. Dann gehen wir in den Stall."
Winken. Danach in eine Matschhose schlüpfen und die Gummistiefel anziehen.

Fertig! Linus und Carlotta laufen los.
Auf der Stelle laufen.

Im Stall dürfen sie die Kühe füttern. Die Kinder bekommen eine Heugabel und schaufeln das Heu in die Futterraufe. Das ist ganz schön anstrengend!
Mit einer Heugabel Heu in eine Raufe geben. Dabei immer wieder aufhören und sich mit dem Handrücken den Schweiß von der Stirn wischen.

Nachdem genug Heu in der Raufe ist, geht Bauer Peter mit den beiden zu den kleinen Kälbchen. „Sind die aber süß!" Carlotta ist begeistert.
Die Kälbchen streicheln.

Eines stupst Linus mit der Schnauze an.
In den Vierfüßlerstand gehen und die anderen Kinder vorsichtig mit dem Kopf anstupsen.

Jetzt ist es Zeit, zu den Hühnern zu gehen. Carlotta und Linus bekommen eine Schüssel mit Hühnerfutter. Bauer Peter zeigt ihnen, wie sie das Futter ausstreuen müssen.
In dem einen Arm eine Schüssel halten, mit dem anderen Arm Körner streuen. Dabei „Putt, putt, putt …" rufen.

Als die Futterschüsseln leer sind, gehen die beiden zu den Nestern und nehmen vorsichtig die Eier heraus.
Ganz behutsam Eier in die Schüssel legen.

„Ab aufs Feld!", ruft Bauer Peter. Linus und seine Schwester rennen über den Hof und klettern schnell auf den Traktor.
Auf der Stelle laufen und danach auf einen Traktor klettern.

Gemeinsam fahren sie übers Feld und ernten das Heu. Das macht Spaß! Der Anhänger wird immer voller.
Beide Arme zum Lenken vor den Körper halten und durch den Raum laufen.

Als sie mit dem großen Anhänger zurück sind, ist es schon spät. Carlotta und Linus sind müde.
Auf eine Uhr am Handgelenk schauen und gähnen.

Sie ziehen sich schnell die Matschkleidung aus, verabschieden sich von Bauer Peter und gehen nach Hause. Das war ein schöner Tag!
Zuerst die Gummistiefel, dann die Matschhose ausziehen, winken und durch den Raum gehen.

Idee: Leah Schäfer

Ein verrückter Tag im Zoo

Aufpassgeschichte

Alter: ab 4 Jahren

Dauer: 10 Minuten

Tim und Carla gehen heute mit ihren Eltern in den Zoo. Sie freuen sich schon sehr auf die Löwen, die Affen, die Elefanten und die **Dinosaurier.** ***(Unsinn!)***

Gleich zu Beginn gehen sie in den Streichelzoo. Es macht den beiden immer großen Spaß, wenn sie die Ziegen, Schafe und **Löwen** streicheln dürfen. ***(Unsinn!)***

Danach gehen sie zu den Giraffen. „Schau mal, Carla, was für einen langen **Rüssel** die Giraffen doch haben", sagt Tim. ***(Unsinn!)***

Nach den Giraffen wollen die Kinder schnell die Erdmännchen besuchen. Die putzigen kleinen Kerle mögen sie besonders gern. Sie beobachten sie eine ganze Weile. Dann sagt Carla: „Komm, lass uns zu den Elefanten gehen."

Carla und Tim sausen los. So schnell, dass ihre Eltern fast nicht hinterherkommen. Die Elefanten sind unheimlich groß. Mit ihrem Rüssel pusten sie sich Sand auf ihre **pinkfarbene** Haut. ***(Unsinn!)***

Einer der Elefanten saugt aus einem großen Eimer Wasser in seinen Rüssel. Dann läuft er schnell zum Zaun und spritzt das Wasser auf Papa. Tim, Carla und Mama müssen lachen. Papa schüttelt sich. Dann lacht auch er.

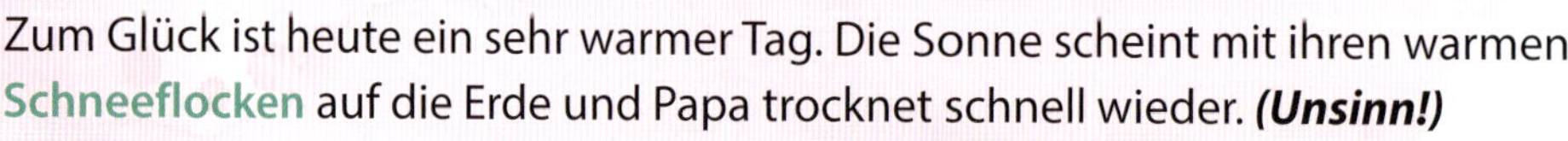

Zum Glück ist heute ein sehr warmer Tag. Die Sonne scheint mit ihren warmen **Schneeflocken** auf die Erde und Papa trocknet schnell wieder. ***(Unsinn!)***

Sie kommen zu den Affen. Wie lustig die braunen Kerlchen an den Seilen von Ast zu Ast schwingen. Ein Affe schält sich gerade eine Banane. Mit der einen Hand hält er die Banane fest und mit der anderen zieht er die **blaue** Bananenschale ab. ***(Unsinn!)***

Mama möchte ein Foto von den Kindern machen. Tim und Carla stellen sich vor das Affengehege und lächeln. Mama drückt den Auslöser. Im selben Moment kommt ein Affe von hinten und schnappt sich Tims Sonnenhut. „So ein frecher Kerl!", lacht Tim. „Er hätte ja auch einfach fragen können."

Die ganze Familie lacht laut und geht – jetzt ohne Tims Sonnenhut – zum nächsten Tiergehege. „Schaut mal, die Flusspferde!", ruft Carla begeistert. Schnell **sattelt sie eines der Flusspferde und reitet mit ihm durchs Wasser.** ***(Unsinn!)***

Langsam wird es Zeit, nach Hause zu gehen. Auf dem Rückweg kommen sie noch bei den Flamingos vorbei. Wie schön **gelb** ihr Gefieder leuchtet. ***(Unsinn!)***

Auf dem Parkplatz angekommen, steigen die vier in ihr **Flugzeug** und fahren nach Hause. ***(Unsinn!)***
Das war ein aufregender Tag im Zoo.

UND SO GEHT'S:
Lesen Sie die Geschichte vor. Bei jedem falschen Wort oder Satz rufen die Kinder *Unsinn!* und springen von ihren Stühlen auf. Lassen Sie die Mädchen und Jungen anschließend sagen, was an der Aussage im Text nicht gestimmt hat.

Idee: Leah Schäfer

Mäuseparty

Spiellied

Alter: ab 4 Jahren

Dauer: 10 Minuten

Lasst uns heute Mäuse sein, hol-la-hi, hol-la-ho,
Die Zeigefinger vor der Nase zu einem Schnurrbart überkreuzen.
Mäuse sind besonders klein, hol-la-hi-a-ho.
In die Hocke gehen.
Knabbern Käse den ganzen Tag, hol-la-hi, hol-la-ho,
Auf dem Boden einen Käse essen.
jede Maus den Käse mag, hol-la-hi-a-ho.
Das Mäusebäuchlein reiben.

Tanzen gerne rundherum, hol-la-hi, hol-la-ho,
Sich im Kreis drehen.
trippeln auf dem Boden rum, hol-la-hi-a-ho.
Mit den Füßen schnell und leise auf dem Boden „trippeln".
Hüpfen durch den ganzen Saal, hol-la-hi, hol-la-ho,
Durch den Raum hüpfen.
noch einmal und noch einmal, hol-la-hi-a-ho.
Durch den Raum hüpfen.

Kommt die Katze mal vorbei, hol-la-hi, hol-la-ho,
Ein Kind spielt die Katze, die anderen bewegen sich nicht.
gibt's 'ne Riesenwuselei, hol-la-hi-a-ho.
Alle rennen durch den Raum.
Schlüpfen schnell ins Mauseloch, hol-la-hi, hol-la-ho,
Die Mäuse krabbeln in eine Ecke.
Winken frech der Katze noch, hol-la-hi-a-ho.
Sie winken der Katze, die Katze stemmt die Hände in die Hüften.

(Melodie: Horch, was kommt von draußen rein)
Idee: Leah Schäfer

Ein Tag am Strand

Mitmachgedicht

Alter: ab 3 Jahren

Dauer: 10 Minuten

Was könnten wir denn heute tun,
keine Lust uns auszuruhn.

Einen Zeigefinger in die Luft strecken und hin- und herbewegen.
Dabei den Kopf schütteln.

Stellt euch hin und schaut euch um,
wir drehn uns jetzt im Kreis herum.

Eine Hand an die Augenbrauen halten und sich dabei im Kreis drehen.

Seht, da vorne ist der Strand,
da bauen wir 'ne Burg aus Sand.

In eine Richtung zeigen. Dann hinknien und so tun,
als würde man eine Sandburg bauen.

Durch das Bauen und hier sitzen,
mussten wir jetzt ganz schön schwitzen.

Mit dem Handrücken den Schweiß abwischen.

Deshalb wollen wir uns sputen
und springen in die Wasserfluten.

Anlauf nehmen und ins Wasser springen.

Das Schwimmen macht uns riesig Spaß,
wir spritzen alle andern nass.

Schwimmbewegungen machen, danach alle anderen mit Wasser bespritzen.

O nein, das Handtuch liegt zu Haus,
da schütteln wir uns einfach aus.

Leicht an die Stirn schlagen, danach den ganzen Körper schütteln.

Idee: Leah Schäfer

Räuberfest im Wald

Spiellied

Alter: ab 4 Jahren
Dauer: 10 Minuten

Heute ist im Wald ein Räuberfest
alle sind dabei, es bleibt kein Vogel im Nest.
Wir klatschen in die Hände, alle sind dabei,
klatscht zusammen und zählt 1, 2, 3.

Klatschen.

Heute ist im Wald ein Räuberfest
alle sind dabei, es bleibt kein Vogel im Nest.
Wir stampfen auf den Boden, macht doch alle mit,
ganz laut stampfen, ja das ist der Hit.

Stampfen.

Heute ist im Wald ein Räuberfest
alle sind dabei, es bleibt kein Vogel im Nest.
Wir tanzen durch den Kreis und wir drehn uns fix,
wenn ein Räuber umfällt, ach, dann macht das nix.

Tanzen und drehen.

Heute ist im Wald ein Räuberfest
alle sind dabei, es bleibt kein Vogel im Nest.
Wir hüpfen wie die Hasen immer hin und her,
das ist lustig und auch gar nicht schwer.

Hüpfen.

Heute ist im Wald ein Räuberfest
alle sind dabei, es bleibt kein Vogel im Nest.
Wir winken allen Gästen, jetzt ist Zeit zu gehn,
bis zum nächsten Mal, auf Wiedersehn.

Winken.

(Melodie: Drei Chinesen mit dem Kontrabass)

Idee: Leah Schäfer

Tierische Bewegungen

Spiellied

Alter: ab 4 Jahren
Dauer: 10 Minuten

Lasst uns stampfen, lasst uns stampfen,
erst mit rechts, dann mit links,
wie die Elefanten,
wie die Elefanten,
stampfen wir, stampfen wir.

Stampfen wie die Elefanten.

Lasst uns hüpfen, lasst uns hüpfen,
einmal vor, dann zurück,
genauso wie die Hasen,
genauso wie die Hasen,
hüpfen wir, hüpfen wir.

Hüpfen wie die Hasen.

Lasst uns krabbeln, lasst uns krabbeln,
langsam erst, dann ganz schnell,
wie die kleinen Mäuse,
wie die kleinen Mäuse,
krabbeln wir, krabbeln wir.

Krabbeln wie die Mäuse.

(Melodie: Bruder Jakob)

Idee: Leah Schäfer

Piratenleben

Mitmachgedicht

Alter: ab 4 Jahren
Dauer: 10 Minuten

Lasst uns heut Piraten sein,
auf dem Schiff von Käptn Hinkebein.
Sein Schiff, das ist auch nicht aus Pappe,
der Käptn trägt 'ne Augenklappe.
Ein Auge zuhalten.

Sein rechtes Bein ist ganz aus Holz,
er humpelt damit voller Stolz.
Durch den Raum humpeln.

Mit dem Fernrohr in der Hand,
hält er Ausschau nach dem Land.
Die Hände wie ein Fernrohr vor ein Auge halten und hin- und herschwenken.

Wasser trinken, das ist dumm,
der Pirat trinkt ganz viel Rum.
Den Zeigefinger zuerst hin- und herschwenken. Dabei den Kopf schütteln. Danach eine Flasche hochhalten und so tun, als würde man sich den Inhalt in den Mund schütten.

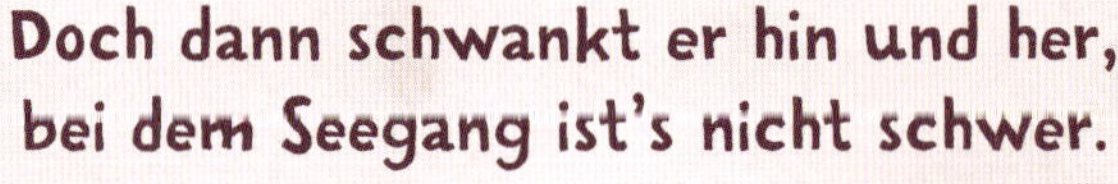

Doch dann schwankt er hin und her,
bei dem Seegang ist's nicht schwer.
Schwankend durch den Raum gehen.

Er sagt: „Jetzt schrubbt noch das Deck."
Das muss nicht sein, da sind wir weg.
So tun, als würde man schrubben.
Dann den Schrubber in eine Ecke werfen und winken.

Idee: Leah Schäfer

Kapitel 3

Bewegungsstationen

Wer findet den Weihnachtsstern?

Bewegungsstationen

Alter: ab 4 Jahren

Dauer: 25 Minuten

Material: 1 Brief von den Waldwichteln in einem grünen Umschlag, 1 Strohstern

UND SO GEHT'S:
Die Kinder erhalten einen Brief von einem Waldwichtel: Was da wohl drinsteht? Lesen Sie den Kindern den Brief vor. Um zum Weihnachtsstern zu gelangen, müssen die Kinder verschiedene Stationen durchlaufen. Bei Station 5 wartet der Weihnachtsstern auf sie!

Liebe Kinder,
ich habe eine Überraschung für euch. Ich habe gesehen, dass ihr alle schon ganz zappelig seid, weil bald Weihnachten ist. Deshalb habe ich für euch einen Weihnachtsstern versteckt, den ihr aber erst findet, wenn ihr gemeinsam durch den Wichtelwald geklettert seid.
Viel Spaß beim Suchen!
Euer Waldwichtel

Station 1 | VON TEPPICHFLIESE ZU TEPPICHFLIESE

Material: mehrere Teppichfliesen

Die Kinder hüpfen nacheinander von Teppichfliese zu Teppichfliese, möglichst ohne danebenzuhüpfen. Denken Sie sich gemeinsam eine Geschichte dazu aus, etwa dass die Fliesen Steine im Schwabbelsumpf sind, in den man auf keinen Fall hineintreten oder gar hineinfallen darf … Die Kinder haben bestimmt Ideen!

Idee: Michaela Lambrecht

Station 2 | **AB DURCH DEN TUNNEL**

Material: 1 Kriechtunnel

Die Kinder kriechen nacheinander durch den Tunnel. Dieser könnte der Zugang zum geheimen Brückenübergang sein, der nur den Waldwichteln bekannt ist …

Station 3 | **ÜBER DIE BRÜCKE**

Material: 1 Langbank, Softbälle oder andere kleine Bälle

Die Kinder balancieren nacheinander (nicht mehrere Kinder gleichzeitig!) über die Langbank. Aber Vorsicht: Auf der „Brücke" schlafen Trolle (Bälle, die Sie vorher ausgelegt haben), über die die Kinder vorsichtig steigen müssen, damit sie nicht aufwachen!

Station 4 | **ÜBER DAS LANGSEIL**

Material: 1 Langseil

Alle balancieren über das geschlängelte Langseil. Dabei sollten die Kinder möglichst nicht allzu weit davon auf den Boden treten, denn der raucht und ist ganz heiß. Ein Vulkanfeld trennt die Kinder noch vom Ziel.

Station 5 | **GEMEINSAM AM SCHWUNGTUCH**

Material: 1 Schwungtuch, Luftballons und Chiffontücher

Als letzte Station schütteln die Kinder Luftballons und Chiffontücher, die sich im Schwungtuch befinden, heraus. Vielleicht müssen sich die Kinder im Spiel durch die Erde im Wichtelwald buddeln, um den Schatz zu finden: Ganz unten unter den Ballons und Tüchern befindet sich der Weihnachtsstern. Hurra!

Pinguin-Spaß

Bewegungsstationen

Alter: ab 3 Jahren

Dauer: 45 Minuten

Das Pinguinspiel zum Aufwärmen

Material: Musik, 1 Gymnastikreifen für jedes Kind

Verteilen Sie mit den Kindern die Gymnastikreifen im Raum. Jedes Kind stellt sich in einen Gymnastikreifen (Eisscholle). Wenn die Musik läuft, bewegen die Kinder (Pinguine) sich durch den Raum. Dabei können unterschiedliche Bewegungsformen gewählt werden. Wenn die Musik stoppt, sucht sich jeder Pinguin eine Eisscholle. Nach jeder Runde wird eine Eisscholle aus dem Spiel genommen. Trotzdem müssen alle Pinguine einen Platz auf den Eisschollen finden. Mal sehen, wie viele Kinder gemeinsam auf eine Eisscholle passen.

Station 1 | **EISSCHOLLENSPRINGEN**

Material: mehrere Gymnastikreifen

Die Gymnastikreifen werden so auf den Boden gelegt, dass die Kinder von einem Gymnastikreifen in den nächsten springen können.

Station 2 | **PINGUINRUTSCHE**

Material: 1 Sprossenwand, 1 Turnbank, 3 kleine Matten

Die Turnbank wird als Rutsche in die Sprossenwand eingehängt und mit Matten abgesichert. Die Pinguine haben viel Spaß dabei, ins „Wasser" zu rutschen.

Station 3 | **EISTUNNEL**

Material: 1 Kriechtunnel, 1 weißes Laken

Bauen Sie den Kriechtunnel auf und decken Sie ihn mit einem weißen Laken ab. Die Kinder (Pinguine) krabbeln durch den Eistunnel.

Idee: Britta Bartoldus

Die schnellsten Spiele der Welt

Spielstationen

Alter: ab 3 Jahren

Dauer: je 10 Minuten

Spiel 1 | **SCHNECKENRENNEN**

Material: 1 Schnecke (Holzbrett als Wiese, darauf eine selbstgebastelte Schnecke), Schnur (etwa 5 m lang), die an der „Wiese" auf der einen und an einer Papprolle auf der anderen Seite festgebunden ist, Streckenmarkierung, Stoppuhr

Ein Weg von etwa 5 m wird markiert. Die Schnecke auf der Wiese steht an einem Ende, das Kind mit der Papprolle am Ziel. Auf los geht's los: Papprolle drehen, dabei den Faden aufwickeln und so die Schnecke ins Ziel befördern.

Spiel 2 | **BESEN-HOCKEY**

Material: Start- und Zielmarkierung, Besen (eventuell verschiedene Größen), Tormarkierungen (Pylonen, Stöcke …), Gymnastikbälle, Stoppuhr

Eine Wegstrecke wird festgelegt. Dazu eignet sich ein Zickzack-Pfad, ein großzügiges Viereck oder Ähnliches – je nach örtlicher Gegebenheit. Sinnvoll ist, wenn Start- und Zielpunkt nebeneinanderliegen. Dann ist das Zeitstoppen einfacher. Auf los geht's los: Der Ball muss mit dem Besen vom Start bis zum Ziel geschoben/gerollt/vorwärtsbewegt werden. Dabei muss der Ball durch jedes Tor rollen, daran vorbei zählt nicht. Rollt der Ball an einem Tor vorbei, muss er wieder zurück und dann durch das Tor bewegt werden.

Idee: Kathrin Eimler

Spiel 3 | **VIER-BEIN-LAUF**

Material: Streckenmarkierung, Stoppuhr

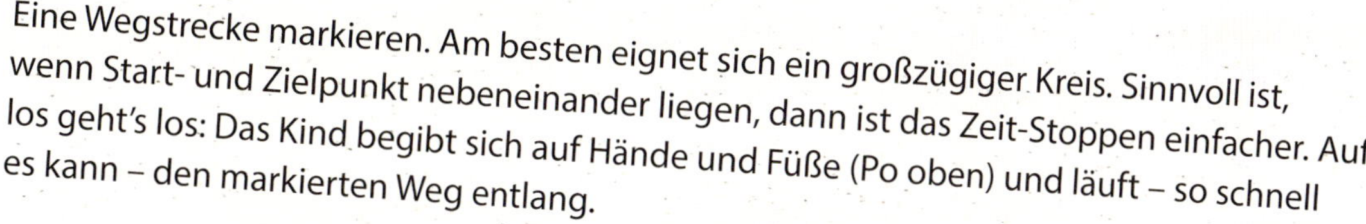

Eine Wegstrecke markieren. Am besten eignet sich ein großzügiger Kreis. Sinnvoll ist, wenn Start- und Zielpunkt nebeneinander liegen, dann ist das Zeit-Stoppen einfacher. Auf los geht's los: Das Kind begibt sich auf Hände und Füße (Po oben) und läuft – so schnell es kann – den markierten Weg entlang.

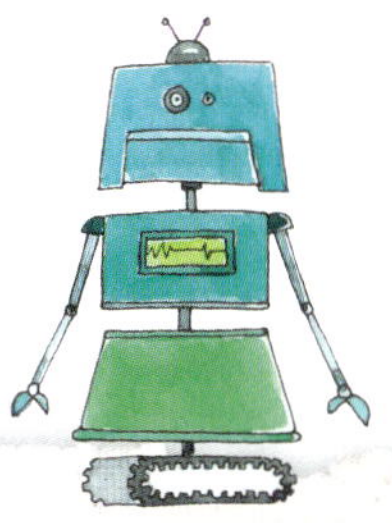

Spiel 4 | **SCHLANGE LEGEN**

Material: 1 Tuch oder 1 Platte (etwa 1 m x 0,5 m), 1 Springseil, Stoppuhr

Auf los geht's los: Das Kind soll versuchen, das Seil so auf das Tuch zu legen, dass sich das Seil nicht überkreuzt.

Spiel 5 | **ROLL DEN BALL**

Material: 1 großer Sitzball, Wegmarkierung, Stoppuhr

Ein großes Dreieck markieren (etwa 10 bis 15 m je Seite). Die eine Dreieck-Spitze ist Start und Ziel. Auf los geht's los und der Ball wird mit der Hand um das Dreieck herumgerollt. Ob die Hand dabei am Ball bleibt oder der Ball mit Schwung ein Stück gerollt wird, spielt keine Rolle. Spannend wird es an den Ecken, wenn der Ball um die Kurve gerollt werden muss.

Hol dir Punkte!

Spielstationen

Alter: ab 3 Jahren

Dauer: je 15 Minuten

10 20 75

Spiel 1 | REIFEN-ZIELWERFEN

Material: 6 Gymnastikreifen, unterschiedliche Bälle (Rugby, Medizinball, Tennisball, Gymnastikball, Fußball …), Punkteschilder (10, 20, 30, 40, 50, 75), Startlinienmarkierung

Die 6 Reifen werden in 3 Reihen hintereinandergelegt (vorn 3 Reifen, dann 2, dann 1). Jeder Reifen bekommt ein Punkteschild, der oberste Reifen erhält die höchste Punktzahl. Die Startlinie wird markiert, eine für die älteren und eine für die jüngeren Kinder. Die für die jüngeren Kinder sollte näher an den Reifen liegen. Jedes Kind darf mit jedem Ball einmal werfen und versuchen, in die Reifen zu treffen. Jeder Treffer zählt und die Punkte werden addiert aufgeschrieben.

Spiel 2 | PÜMPEL-WEITWURF

Material:: Pylonen, 3 Pümpel (Saugglocken), Maßband (alternativ Punkteschilder), Startlinienmarkierung

Mit den Pylonen einen etwa 8 m breiten und 25 m langen Weg abgrenzen. Eine Startlinie markieren. Jedes Kind hat drei Versuche. Der Pümpel soll so weit, wie es geht, in den markierten Weg geworfen werden. Der weiteste Wurf zählt, Pümpel außerhalb der Markierung sind ungültig. Punktevergabe: a) Maßband: Jeder Meter ist ein Punkt. b) Es werden Zonen eingeteilt und mit Punkten versehen (5, 10, 15 …)

Idee: Kathrin Eimler

Spiel 3 | JOGHURTBECHER STAPELN

Material: 20 bis 30 kleine Joghurtbecher, Bierdeckel, 1 kleiner Tisch, Stoppuhr

Die Joghurtbecher sollen abwechselnd mit den Bierdeckeln in einer windstillen Ecke gestapelt werden. Wie viele Becher können die Kinder in 20 Sekunden stapeln? Wer meint, dass der Turm hoch genug ist, kann natürlich aufhören. Am Ende der Zeit werden die Becher gezählt. Die Punkte ergeben sich aus der Anzahl der Becher. Alternative: Anstelle von Joghurtbechern Holzbausteine verwenden und diese hochkant stapeln. Hier benötigt man keine Bierdeckel. Es zählt jeder Stein, der stehen bleibt, als Punkt.

Spiel 4 | SEEROSENTEICH

Material: Planschbecken mit Wasser, 5 bis 10 Seerosen aus Moosgummi, 5 bis 10 Plastikbecher, Tischtennisbälle (3 für jedes Kind plus Ersatz), Dekomaterial, Scheren

Die Seerosen (Blumen) stellen die Kinder einfach aus Moosgummi her und verzieren sie nach eigenen Ideen: In die Mitte der Seerose wird ein Loch geschnitten, in das ein Plastikbecher gesteckt wird. In den Becher legen die Kinder einige kleine Steine, damit die Seerose aufrecht auf dem Wasser schwimmen kann. Die Seerosen werden dann in den Teich (Planschbecken) gesetzt. Jedes Kind hat nun drei (oder fünf) Versuche, mit einem Tischtennisball in die Seerose zu werfen. Jeder Treffer zählt 5 Punkte.

Spiel 5 | TISCHTENNISBALL-HÜPFSPIEL

Material: Bierkiste (30er), 15 stabile Plastikbecher (je 3 in einer Farbe), 10 Gläser, Tischtennisbälle (3 für jedes Kind plus Ersatz), Brett (so breit wie die Bierkiste und etwa doppelt so lang), Plastikkiste, Punkteschilder (Kreppklebeband, 10, 20, 30)

In die Bierkiste werden links und rechts die Gläser gestellt, damit man die Bälle, die nicht in den Bechern landen, besser herausholen kann. In die Mitte werden die Plastikbecher nach Farben sortiert eingeräumt. Die hintere Reihe bekommt 30 Punkte, die beiden Reihen davor 20 und die ersten beiden Reihen 10 Punkte. Das Brett auf die Plastikkiste und die Bierkiste legen, sodass die Reihen mit den Bechern zu sehen sind. Jedes Kind hat drei Versuche. Der Tischtennisball muss zuerst auf das Brett geworfen werden. Von dort springt er in die Becher hinein. Jeder Ball, der in einem Plastikbecher landet, zählt. Eine Proberunde ist natürlich erlaubt!

Fit macht schlau!

Spielstationen

Alter: ab 3 Jahren

Dauer: je 15 Minuten

Spiel 1 | BALANCIERE DAS SANDSÄCKCHEN

Material: 1 kleines Sandsäckchen für jedes Kind

Lassen Sie die Kinder verschiedene Möglichkeiten ausprobieren, um das Sandsäckchen zu balancieren:
- auf dem Kopf
- auf den Schultern
- auf dem waagerechten Rücken
- zwischen die Arme geklemmt
- zwischen die Fußknöchel

Abschlussspiel: Alle sitzen barfuß im Kreis und versuchen, mit den Zehen das Sandsäckchen weiterzureichen. Ob es eine ganze Runde schafft?

Spiel 2 | **GESCHICKLICHKEITSPARCOURS**

Material: 1 Langbank, Matten zum Absichern, 1 Langseil, Teppichfliesen, 1 Kriechtunnel

Die Kinder dürfen auf einer umgedrehten Langbank (mit Matten absichern!) balancieren, dann über ein Langseil, das geschlängelt ausgelegt ist, balancieren. Anschließend hüpfen sie von Teppichfliese zu Teppichfliese und krabbeln durch einen Kriechtunnel.

Spiel 3 | **SPASS MIT BÄLLEN**

Material: Tennisbälle und mehrere Kochlöffel, Teppichfliesen, 3 kleine Kinderstühle, 2 Hüpfbälle, kleine Bälle, 1 Softball

Die Kinder dürfen mit verschiedenen Bällen experimentieren. Sie können beispielsweise auf einem Kochlöffel einen Tennisball im Slalom durch ausgelegte Teppichfliesen balancieren und über Hindernisse steigen (drei kleine Kinderstühle). Zum Thema Bälle passt auch: mit kleinen Bällen das Werfen und Fangen üben, mit Hüpfbällen durch einen weiteren Teppichfliesen-Parcours hüpfen.
Abschlussspiel: Alle Kinder stehen im Kreis. Sie rufen den Namen eines Kindes und rollen ihm den Softball zu. Das Kind sagt ebenfalls den Namen eines Kindes und rollt diesem den Ball zu. Das Spiel wird so lange gespielt, bis alle Kinder an der Reihe waren.

Idee: Michaela Lambrecht

Stühlesport

Spielstationen

Alter: ab 3 Jahren

Dauer: pro Spiel 10 Minuten

Spiel 1 | **STUHL-PARCOURS**

Material: 1 Stuhl für jedes Kind

Mit etwas Abstand stellen die Kinder die Stühle einfach in einer Reihe auf und schon ist ein Bewegungsparcours fertig. Die Stuhlreihe können Sie folgendermaßen nutzen:

– Schlangenlauf: Die Kinder laufen im Slalom einfach zwischen den Stühlen hindurch.
– Hüpfwettlauf: Auf beiden Beinen oder – schwieriger – nur auf einem Bein durch den Parcours hüpfen.
– Trau-dich-Lauf: Rückwärts durch den Parcours gehen (nicht laufen!).

Spiel 2 | **BERGSTEIGEN**

Material:: 1 Stuhl für jedes Kind, mehrere Softbälle

Schieben Sie jetzt gemeinsam die Stühle ganz nah aneinander. Die Kinder stellen sich vor, sie wären Bergsteiger. Los geht's:

– Hoch- und Weiterziehen: Die KInder ziehen sich auf dem Bauch mit den Händen über die Stühle.
– Gipfelsteiger: Auf jedem zweiten Stuhl liegt ein Softball. Die Kinder steigen über die Stuhlreihe und achten darauf, die Softbälle nicht zu berühren. Wer möchte, kann dies auch rückwärts probieren.

Idee: Michaela Lambrecht

Wer gewinnt das größte Ei?

Spielstationen

Alter: ab 5 Jahren

Dauer: 20 bis 30 Minuten

Material: Werbeaufsteller aus Karton/Pappe aus Supermarkt oder Buchhandel, ersatzweise ein großer Karton ohne Deckel, Trennwände und -streifen von Gläsern oder Kartonstreifen, Scheren, Cutter, Klebstoff, farbige Klebeetiketten, schwarzer Filzstift, Pappe- oder Kartonreste, Obstkartons (Papplagen aus dem Supermarkt mit Einbuchtungen für Melonen oder Orangen), zum Werfen: kleine, weiche Bälle, Flummis, Tischtennisbälle, Watte- oder Kunststoffkugeln in unterschiedlichen Größen und Farben, nach Wunsch: flüssige Farben und Pinsel oder Schwämmchen

IN FORM BRINGEN

Die Kinder schneiden den Karton mit Ihrer Hilfe in Form: Stellen Sie den Karton mit der Öffnung nach oben und mit der schmalen Seite nach vorn vor sich hin. Vom oberen Ende schneiden Sie die beiden Seitenwände diagonal nach unten, sodass der Karton wie ein Aufsteller oben etwas höher ist als unten. Auch den Karton können die Kinder nach Wunsch bemalen. Lassen Sie ihn trocknen und stellen Sie in der Zwischenzeit die Hasendekoration her.

HASENDEKO

Am oberen Ende des Aufstellers zunächst einen Hasenkörper ankleben. Den Kopf zuerst mit dem Hasengesicht bemalen, dann auf den Körper aufkleben. Ohren, Arme und Beine am Hasen festkleben.

FÄCHER TRENNEN

Innen im Karton die Trennstreifen einstecken und so mehrere Fächer unterteilen. Auf die Klebeetiketten Punktzahlen schreiben. Das Fach, das am leichtesten mit den Bällen zu treffen ist, kann 0 Punkte oder 1 Punkt erhalten. Die schwieriger zu treffenden Fächer bekommen dann die höheren Punktzahlen. Die Klebeetiketten oben auf den Fächern aufkleben.

ES WIRD GEWORFEN

Die Bälle werden nach Farben sortiert und an die Kinder verteilt. Der Reihe nach versuchen diese nun, in die Fächer zu treffen. Am Ende zählen sie ihre Punkte aus, indem sie ihre Bälle aus den Fächern nehmen.

Idee: Margot Lindner

Knister-Sport

Spielstationen

Alter: ab 3 Jahren
Dauer: je 10 Minuten

Spiel 1 | ZEITUNGSINSELN

Material: altes Zeitungspapier, Handtrommel

Legen Sie die Zeitungen im Raum verteilt aus. Spielen Sie die Handtrommel und geben Sie ein Kommando, wie sich die Kinder bewegen sollen: beispielsweise auf einem Bein hüpfen, rückwärtsgehen, im Galopp springen. Sobald Sie das Schlagen der Handtrommel beenden, stellen sich alle Kinder auf die Zeitung, die am nächsten ist.
Schwieriger und spannender wird es, wenn nur ein Kind auf jeder Insel (Zeitung) stehen darf und eine Zeitungsinsel weniger vorhanden ist, als Kinder mitspielen.

Spiel 2 | ZEITUNGSTRÄGER

Material: altes Zeitungspapier

Für dieses Spiel benötigen die Kinder Zeitungen in zusammengefalteter Form. Jedes Kind nimmt sich eine Zeitung und probiert, sie auf dem Kopf oder auch auf dem nach vorn gebeugten Rücken zu balancieren. Wer schafft es, die Zeitung nicht zu verlieren?
Spannender wird es, wenn Kinder, die die Zeitung fallen lassen, ausscheiden, und derjenige als Sieger gekürt wird, der seine Zeitung nicht oder zuletzt verliert. Das Ganze kann auch zu Musik stattfinden.

Spiel 3 | **ZEITUNGSKETTE**

Material: altes Zeitungspapier

Die Kinder knüllen aus ihrer Zeitung einen Ball. Was kann man mit einem Zeitungsball alles machen? Rollen, ihn hochwerfen … Die Kinder können sich zunächst mit ihrem Zeitungsball vertraut machen, dann startet das Spiel und es wird schwieriger: Alle Kinder stehen mit gegrätschten Beinen hintereinander; von vorn nach hinten wird ein Zeitungsball weitergereicht – zunächst über dem Kopf, dann durch die Beine hindurch. Sobald dieser hinten angelangt ist, darf das hinterste Kind nach vorn gehen und erneut den Zeitungsball durchreichen. Das Spiel geht so lange, bis das Kind, das begonnen hat, wieder ganz vorn steht.

Spiel 4 | **ZEHENGREIFER**

Material: altes Zeitungspapier

Als Abschluss sitzen die Kinder im Kreis. Barfuß greift ein Kind mit beiden Füßen die zusammengeknüllte Zeitung und versucht, sie an das nächste Kind weiterzureichen. Dieses nimmt die Zeitung ebenfalls mit den Füßen auf. Gelingt es einmal rundherum?
Noch schwieriger wird dieses Kreisspiel, wenn die Zeitung nur mit einem Fuß, und dabei nur mit den Zehen gegriffen werden muss.

Idee: Michaela Lambrecht

Piratenprüfung

Bewegungsstationen

Alter: ab 4 Jahren

Dauer: 15 Minuten

UND SO GEHT'S:

Die Kinder erhalten einen Brief von Pirat Jim. Lesen Sie den Kindern den Brief vor: Der Pirat sucht eine tapfere Mannschaft, die ihn auf seinen Abenteuern begleitet! Um Teil der Crew zu werden, müssen die Kinder in verschiedenen Stationen ein Piratentraining durchlaufen und beweisen, dass sie mutige Seemänner und Seefrauen sind!

Liebe Kinder,
ich bin Pirat Jim und brauche eine neue Mannschaft, die mit mir übers Meer fährt und Schätze erbeutet. Habt ihr Lust, Piraten zu sein? Dann müsst ihr nur noch die Piratenprüfung machen.
Viel Erfolg!

Station 1 | HOLZBEINLAUF

Material: 1 Tuch zum Zusammenbinden der Beine, 1 Hindernis

Piraten haben oft Holzbeine, mit denen sie sich trotzdem schnell und sicher bewegen können.
Am Ende einer beliebigen Strecke wird ein Hindernis aufgestellt. Zwei Kinder stehen nebeneinander. Die beiden innen liegenden Beine werden zusammengebunden. Auf das Kommando „Piratenprüfung los!" laufen die beiden Kinder los, umrunden das Hindernis und kommen zurück.

Station 2 | BALANCIEREN AUF DER PLANKE

Material: 1 Langbank

Wenn Piraten mit ihrem Schiff in Häfen anlegen, müssen sie sicher über die Holzplanke an Land gehen können.
Die Kinder balancieren nacheinander über die Langbank.

Station 3 | **RUMFLASCHENDREHEN**

Material: 1 Plastikflasche

Piraten lieben Rum. Und oft ist ihnen anschließend so schwindlig, dass sich alles um sie dreht.
Die Kinder sitzen im Kreis. In der Mitte liegt eine Flasche. Das erste Kind dreht die Flasche. Dasjenige Kind, auf das der Flaschenhals zeigt, steht flink auf und rennt ganz schnell einmal um den Kreis herum. Danach darf dieses Kind die Flasche drehen.

Station 4 | **NAVIGIEREN IM STURM**

Material: 1 Rollbrett, 3 Hindernisse

Piraten müssen auch bei Sturm ihr Schiff sicher übers Meer fahren.
Auf einer beliebigen Strecke werden drei Hindernisse im jeweils gleichen Abstand aufgestellt. Die Kinder legen sich auf das Rollbrett, umrunden die Hindernisse und fahren zurück.

Station 5 | **ENTERN**

Material: 1 Sprossenwand

Wenn Piraten Schiffe entern, müssen sie schnell und sicher an Bord gelangen. Häufig machen sie das mit einer Strickleiter.
Die Kinder klettern die Sprossenwand hoch und wieder hinunter.

Herzlichen Glückwunsch! Ihr habt eure Prüfung bestanden und seid jetzt richtige Piraten!

Idee: Leah Schäfer

Hunde, Knochen, Hundehütten

Spielstationen

Alter: ab 4 Jahren
Dauer: 15 Minuten

Spiel 1 | **HUND, HUND, DEIN KNOCHEN IST WEG**

Material: 1 Bauklotz

Die Kinder sitzen im Kreis. Ein Kind legt sich mit geschlossenen Augen in die Kreismitte. Der Bauklotz (Knochen) liegt vor dem Kopf des „schlafenden Hundes". Ein Kind schleicht sich zum Hund, nimmt den Knochen an sich und geht zu seinem Platz zurück. Alle Kinder nehmen ihre Hände auf den Rücken und rufen: „Hund, Hund, dein Knochen ist weg!" Der Hund krabbelt zu einem Kind und bellt. Hat dieses Kind den Knochen, wird es zum neuen Hund und das Spiel beginnt von vorn. Wenn nicht, hat der Hund noch zwei weitere Versuche. Wird der Knochen nicht gefunden, wird ein neuer Hund bestimmt.

Spiel 2 | **HUNDEHÜTTEN-FANGEN**

Die Kinder krabbeln als Hunde durch den Raum. Ein Kind ist der Fänger. Jeder gefangene Hund wird zur Hundehütte und stellt sich in die Grätsche. Krabbelt ein anderer Hund durch die Beine, wird das entsprechende Kind wieder zum Hund. Sind alle Hunde zu Hundehütten verwandelt, ist das Spiel zu Ende und ein neuer Fänger wird bestimmt.

Spiel 3 | **WO IST DER HUND?**

Material: 1 Sitzkissen oder 1 Stuhl für jedes Kind

Die Kinder sitzen im Kreis. Ein Kind geht vor die Tür. Sein Stuhl bzw. Sitzkissen wird zur Seite gestellt. Ein Kind ist der Hund. Die anderen suchen sich andere Tiere aus, die sie sein möchten. Das Kind vor der Tür kommt zurück und muss herausfinden, wo der Hund ist. Es stellt sich vor ein Kind und sagt: „Wie machst du?" Das angesprochene Tier gibt den entsprechenden Tierlaut von sich. Das Kind geht so lange von Kind zu Kind, bis das Bellen zu hören ist. Dann springen alle Kinder von ihren Stühlen und tauschen die Plätze. Wer übrig bleibt, geht in der nächsten Runde vor die Tür.

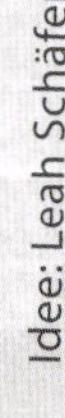

Kapitel 4

Entspannung

Hoch oben im Baum

Massage

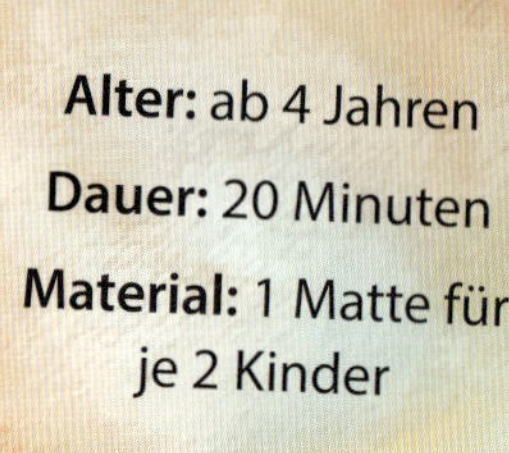

Alter: ab 4 Jahren

Dauer: 20 Minuten

Material: 1 Matte für je 2 Kinder

Im Kobel hoch im Eichenbaum, da träumt ein Tier den Wintertraum.

Mit der flachen Hand über den Rücken streichen.

Das Eichhörnchen liegt eingekuschelt, ganz warm hat es sich eingemuschelt.

Mit den Fingerspitzen schnell auf der Stelle kreisen.

Im Herbst, da fallen bunte Blätter. Ganz egal, bei welchem Wetter,

Die flache Hand mehrmals auf den Rücken drücken.

da ist das Eichhörnchen fleißig gewesen, hat Nüsse vom Boden gelesen,

Zwei Fingerspitzen mehrmals auf den Rücken drücken.

verscharrt und vergraben in der Erde,
es wusste, dass es bald kälter werde.

Mit einem Finger kratzen.

Flink läuft es nun den Stamm hinunter, rennt zum Versteck, gräbt dann munter

Zwei Finger „laufen" vom Nacken zum Po.

aus der Erde Nüsse raus,
holt sich seinen Winterschmaus.

Mit einem Finger kratzen.

Es isst sich kugelrund und satt,
weil's richtig großen Hunger hat.

Einen Kreis mit der Hand beschreiben.

Dann wieder den Baum hoch, in den Kobel hinein,

Mit den Fingern vom Po zum Nacken „laufen".

und schon schläft unser Eichhorn ein.

Mit der flachen Hand lange auf den Rücken drücken.

Idee: Annegret Frank

Stell dir vor, du bist eine Ameise

Traumreise

Alter: ab 4 Jahren

Dauer: 25 Minuten

Material: 1 Matte und 1 Decke für jedes Kind, Entspannungsmusik

Stell dir vor, du bist ein kleines Ameisenkind: Du lebst mit deiner riesigen Familie und ganz vielen anderen Ameisenfamilien in einem Ameisenhügel.

Im Ameisenhügel ist es immer gemütlich warm.

Nichts kann den kleinen Ameisen hier passieren, denn sie sind beschützt und dürfen in den Gängen im Ameisenhügel herumspazieren und spielen.

Spürst du die Wärme und deine Familie um dich herum?

Es gefällt dir sehr gut in deinem gemütlichen Zuhause. Leider wird es aber zu klein in eurem Hügel und ihr müsst gemeinsam einen neuen bauen.

Zuerst bist du ein wenig traurig darüber, aber als dein Papa sagt, du darfst beim Bauen mithelfen, bist du ganz aufgeregt.

Eifrig schleppst du gemeinsam mit den anderen Ameisenkindern ganz viele Tannennadeln herbei. Das macht Spaß, denn alle Ameisen klettern dabei übereinander und umeinander herum.

Bald entsteht ein richtiger kleiner Hügel.

Die großen Ameisen haben schon Gänge und Nestchen darin gebuddelt. Ach, ist das schön hier!

Aber das Bauen war auch anstrengend.

Endlich habt ihr es geschafft und euer neuer Hügel ist fertig. Du bist ganz schön müde von der vielen Arbeit. Für eine kurze Weile schlummerst du ein – in deinem neuen Ameisenbett.

Als du erwachst, bist du wieder fit und fühlst sich stark. Auf geht's zu neuen Ameisenaufgaben!

Idee: Michaela Lambrecht

Komm, wir wollen Pfützenspringen!

Massage

Alter: ab 4 Jahren

Dauer: 5 Minuten

Material: 1 Matte für je 2 Kinder

Bei Regenwetter können wir viele Pfützen sehen.
Mit der flachen Hand Kreise auf den Rücken malen.

Kinder in den Gummistiefeln sieht man darin stehen.
Mit den Händen wechselweise über den Rücken „gehen".

Und sie patschen in den Pfützen, spritzen immer wieder.
Mit den Händen auf den Rücken patschen.

Aus den Regenwolken tropft Regen auf uns nieder.
Fingerspitzen trommeln auf dem Rücken.

Doch den Kindern macht das Wetter überhaupt nichts aus!
Mit den Händen über den Rücken „laufen".

In die Pfützen springen sie übermütig rein und raus.
Beide Hände patschen vor und zurück.

Als die Kinder nach Hause gehen, sind sie pitschenass
Beide Hände streichen über den Rücken.

und werden kräftig abgetrocknet -
welch ein Spaß!
Beide Hände rubbeln den Rücken.

Idee: Annegret Frank

Eine Reise ins Weltall

Traumreise

Alter: ab 4 Jahren

Dauer: 15 Minuten

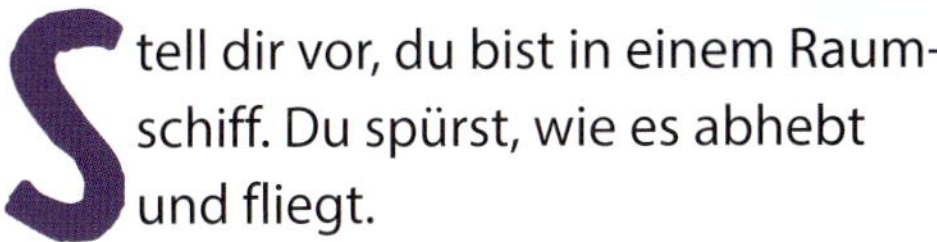

Stell dir vor, du bist in einem Raumschiff. Du spürst, wie es abhebt und fliegt.

Du bist ganz ruhig, denn darauf hast du dich schon so lange gefreut.

Immer höher und höher steigt es in den Himmel. Du schaust aus dem Fenster und siehst eine blaue Kugel. Dir wird bewusst, dass dies die Erde ist. Wie schön sie doch von hier oben aussieht.

Du fliegst weiter. In der Ferne leuchten Millionen und Abermillionen Sterne – es sieht aus, als hätte jemand mit einem Pinsel goldene Farbspritzer auf einem schwarzen Blatt Papier verteilt.

Nicht allzu weit entfernt siehst du einen grün schimmernden Planeten. Den willst du dir mal etwas genauer betrachten.

Deine Rakete setzt zur Landung an. Ganz vorsichtig – Schritt für Schritt – kletterst du heraus. Du schaust dich um. Was kannst du entdecken?

Auf der einen Seite stehen wunderschöne große und mächtige Bäume. Ihr Laub raschelt im leichten Wind. Auf der anderen Seite ist eine Wiese – größer und grüner als du sie je gesehen hast.

Überall stehen Bäume und Blumen. Sie leuchten in allen Farben und sie duften süßer und stärker als auf der Erde. Du schließt die Augen und genießt es. Dabei atmest du tief ein und wieder aus. Es ist so unglaublich schön hier.

Du gehst ein Stück weiter und kommst zu einem Bach. Hör genau hin, er plätschert ganz leise.

Langsam wird es wieder Zeit, zur Rakete zu gehen. Du lässt den Bach hinter dir, läufst über die Wiese mit den duftenden Blumen, vorbei an den riesigen Bäumen.

Du steigst wieder in deine Rakete und fliegst zurück zur Erde.

Sie setzt zur Landung an. Du steigst aus und streckst dich erst einmal. Das tut gut nach dem langen Flug.

Idee: Leah Schäfer

Rückenmaler

Wahrnehmungsspiel

Alter: ab 3 Jahren

Dauer: 10 Minuten

Material: 1 Langbank, ggf. Bildkarten

Die Kinder sitzen hintereinander auf einer Langbank. Jüngere Kinder sollten dieses Spiel zu zweit durchführen. Ältere und geübtere Kinder können auch größere Gruppen mit vier oder fünf Kindern bilden.

WAS MAL ICH DA?

Das hinterste Kind beginnt. Es denkt sich eine einfache Form aus und malt sie seinem Vordermann auf den Rücken. Dieser muss erraten, was es ist und sagt es laut.

STILLE POST

Spielen mehr als zwei Kinder in einer Gruppe, verrät das Kind, auf dessen Rücken etwas gemalt wurde, nichts und malt dieselbe Figur auf den Rücken seines Vordermanns. Das Kind ganz vorn in der Reihe sagt dann, was es gespürt hat. Stimmt es mit der Startzeichnung überein?

Sollte den Kindern kein Motiv einfallen, können Sie im Vorfeld Bildkarten gestalten, die sie den hinten sitzenden Mädchen und Jungen zeigen können. Motive können zum Beispiel Sonne, Mond, Stern, Schnecke, Ball, Haus oder Blume sein.

VARIATION

Bilden Sie zwei gleich große Mannschaften und geben Sie ihnen ein Motiv vor. Wer schafft es, das Anfangsmotiv am weitesten erkennbar auf den Rücken seines Vordermanns zu malen?

Idee: Leah Schäfer

Magische Einhornwelt

Traumreise

Alter: ab 4 Jahren

Dauer: 15 Minuten

Du liegst auf einer Wolke und schaust hinunter auf die Erde. Alles sieht so klein aus von hier oben.

Du siehst grüne Wiesen, hohe Berge und einen Fluss, der sich quer durch die Landschaft schlängelt.

Deine Wolke fliegt ganz ruhig am Himmel. Du schließt deine Augen und spürst die warmen Sonnenstrahlen auf deiner Haut.

Die Wolke sinkt etwas tiefer. Als du nach unten schaust, siehst du eine saftig grüne Blumenwiese. Auf ihr steht ein Einhorn und schaut zu dir hoch.

Du steigst von deiner Wolke und gehst langsam auf das Einhorn zu. Vorsichtig streckst du die Hand aus und berührst es an seinem Hals. Sein Fell schimmert lila. Wie wunderbar weich es sich anfühlt.

Das Einhorn wiehert – doch du kannst es verstehen. Es bittet dich mitzukommen.
Ihr geht über die Wiese bis zu einem großen Felsen. Ganz versteckt im Felsen ist ein Eingang zu einer Höhle. Das Einhorn nimmt dich mit hinein und du staunst, als du dich umsiehst.

Die Höhle ist riesig – an der einen Wand plätschert ein Wasserfall, von dem gerade mehrere Einhörner trinken.

Weiter vorn steht eine Gruppe von Einhörnern, die dicht beieinanderstehen und miteinander sprechen.

Du hättest nie gedacht, dass es so viele Einhörner gibt und dass ihr Fell in den unterschiedlichsten Farben leuchtet. Du bleibst stehen und betrachtest dir die Welt der Einhörner.

Am liebsten würdest du für immer hier bleiben, aber du weißt, dass das nicht geht. Deine Familie und deine Freunde warten schon auf dich. Du kommst wieder aus der Höhle.

Dein lila Einhorn wiehert und berührt dich ganz vorsichtig mit seinem Horn. Ganz langsam schwebst du zurück auf deine Wolke, die dich ganz sacht nach Hause bringt. Bis bald, liebes Einhorn!

Idee: Leah Schäfer

Elefantenwäsche

Massage

Alter: ab 3 Jahren

Dauer: 15 Minuten

Wir sind heute in Afrika. Es ist sehr heiß.
Mit beiden Handflächen über den Rücken streichen.

Lasst uns zusammen an den Fluss gehen.
Mit zwei Fingern über den Rücken laufen.

Sieh nur, am Ufer steht eine Elefantenherde: Mama Elefant, Papa Elefant, Oma Elefant, Opa Elefant – und gleich daneben stehen die Kinder: ein größeres und ein kleineres Elefantenkind.
Mit der Faust unterschiedlich stark auf verschiedene Stellen des Rückens drücken. Bei den Kindern, Mama Elefant und Oma Elefant etwas weniger Druck, bei Papa Elefant und Opa Elefant mehr.

Sie tauchen ihre Rüssel ins Wasser und spritzen es in die Luft. Wieder und wieder lassen sie die Tropfen auf sich herunterrieseln.
Alle zehn Finger schnell über den Rücken wandern lassen. Das Ganze mehrmals wiederholen.

Danach legen sie sich in den Fluss: erst Mama, dann Papa, danach Oma und Opa, zum Schluss noch die Kinder.
Mit der Faust unterschiedlich stark auf verschiedene Stellen des Rückens drücken.

Das angenehm kühle Flusswasser schwappt über ihre Rücken.
Mit beiden Händen vom Rand in die Mitte über den Rücken streichen. An der Schulter beginnen, bis zum Steiß, danach wieder bis zur Schulter.

Leider müssen wir jetzt zurück. Aber schon ganz bald kommen wir wieder.
Mit zwei Fingern über den Rücken laufen. Anschließend mit beiden Handflächen über den Rücken streichen.

Idee: Leah Schäfer

Autobahn

Entspannungsspiel

Alter: ab 4 Jahren

Dauer: 10 Minuten

Material: Matten, Spielzeugautos

ENTSPANNUNG MIT DEM AUTO

Ein Kind legt sich – mit dem Bauch nach unten – auf die Matte. Es spannt seinen ganzen Körper an.
Das andere Kind setzt sich daneben und nimmt sich ein Spielzeugauto. Es lässt das Auto nun langsam und ganz vorsichtig über den Körper des liegenden Kindes fahren. Vom Kopf beginnend, über die Schultern, die Arme, den Rücken, die Beine bis zu den Füßen.

An den Stellen, an denen das Auto gefahren ist, entspannt sich der Körper. Danach wird gewechselt.

VARIATION

Die Kinder müssen nicht unbedingt liegen. Wenn es für die Mädchen und Jungen angenehmer ist, können sie dabei auch sitzen oder stehen.

Idee: Leah Schäfer

In dieser Reihe sind bereits erschienen:

55 Gute-Laune-Spiele für Schlecht-Wetter-Tage
ISBN: 978-3-96046-056-5

55 Gute-Laune-Spiele für den Morgenkreis
ISBN: 978-3-96046-062-6

55 Gute-Laune-Spiele für draußen und unterwegs
ISBN: 978-3-96046-073-2

55 Gute-Laune-Spiele für Plapper- und Plauderstunden
ISBN: 978-3-96046-074-9

55 Gute-Laune-Spiele für den Krippen-Morgenkreis
ISBN: 978-3-96046-075-6

55 Gute-Laune-Spiele für alte und neue Freunde
ISBN: 978-3-96046-076-3

55 Gute-Laune-Spiele für Feste und Feiern
ISBN: 978-3-96046-112-8

Klett Kita